Histoire des États Américains : États-Unis
Annuaire de la R. des 2 Mondes — 1866

Extrait de la Revue des deux Mondes
1866

8° Pb
5569

LIVRE SEPTIÈME

— RACE ANGLO-AMÉRICAINE. —

HISTOIRE DES ÉTATS AMÉRICAINS

ÉTATS-UNIS

République démocratique fédérative. — Présidence de M. Andrew Johnson. (1)

I. — VICTOIRES SUCCESSIVES DES CONFÉDÉRÉS PENDANT LA CAMPAGNE D'HIVER DE 1864.

Grands préparatifs au nord et au sud. — Réorganisation des armées. — Traitemens barbares infligés aux prisonniers fédéraux. — Expédition du général Early dans la Virginie occidentale. — Capture de l'*Underwriter*. — Désastre d'Olustee. — Campagne du général Sherman dans le Mississipi. — Défaite de sa cavalerie. — Expédition malheureuse du général Banks. — Batailles de Mansfield et de Pleasant-Hill. — Défaite du général Steele. — Sauvetage de la flottille de l'amiral Porter. — Les confédérés reprennent l'offensive. — Siége de Paducah. — Massacres du fort Pillow. — Siége et prise de Plymouth. — Apparition de l'*Albemarle*. — Joie des séparatistes.

Au commencement de l'année 1864, la situation militaire était des plus brillantes pour la cause de l'Union. Les troupes du nord avaient arraché aux rebelles les bords du Mississipi et tout le versant oriental de cette longue chaîne de monts et de plateaux qui traverse en dia-

(1) M. Andrew Johnson, élu vice-président le 8 novembre 1864, est devenu président des États-Unis le 14 avril 1865 après la mort de M. Lincoln. Son mandat expire le 4 mars 1869. Il n'y a point de vice-président élu. Si M. Johnson venait à mourir, le président du sénat remplirait provisoirement les fonctions de président de la répu-

gonale les états méridionaux de la république. Les fédéraux n'avaient point encore franchi cette arête pour descendre dans les plaines du versant atlantique; mais leurs flottes bloquaient les côtes et des garnisons d'unionistes occupaient plusieurs positions très importantes : Norfolk, Plymouth, New-Bern, l'île Morris, Port-Royal, le fort Pulaski, Saint-Augustin, Pensacola. Au-delà du Mississipi, les régions les plus populeuses de la Louisiane occidentale, la vallée de l'Arkansas, l'état du Missouri et même l'embouchure lointaine du Rio-Grande ne faisaient plus partie du territoire que le congrès esclavagiste avait réclamé comme son domaine, et déjà le président Lincoln s'occupait avec confiance du travail de réorganisation des états rebelles en vue de leur rentrée prochaine dans le sein de l'Union désormais délivrée de l'esclavage. Le grand drame de la guerre civile semblait sur le point de finir. Les armées du nord, pensait-on, n'avaient qu'à garder leurs conquêtes et à serrer de quelques mailles leur immense cercle de fer pour que la confédération rebelle fût complétement étouffée.

La grandeur du danger était parfaitement comprise par les meneurs du congrès de Richmond. Sachant qu'ils ne pouvaient désormais trouver de chances de succès que dans les mesures désespérées, ils ne craignirent pas de transformer leur territoire entier en un vaste camp et d'arrêter, pour ainsi dire, la vie sociale, afin d'employer toutes les ressources du pays à l'entretien des troupes et au salut de la cause esclavagiste. Pendant les mois de répit que leur donna l'hiver ils firent preuve d'une résolution et d'une énergie rarement égalées. En dépit de la prétendue souveraineté des états, tous les pouvoirs furent de fait centralisés à Richmond, et la loi de l'*habeas corpus*, qui d'ailleurs n'avait jamais été qu'une garantie purement nominale de liberté personnelle, fut définitivement suspendue. On mit le plus grand zèle à réorganiser l'armée, qui, d'après l'aveu sincère du secrétaire Seddon, était, par suite de la désertion et des maladies, de moitié plus faible que ne l'indiquaient les chiffres officiels. Le général Bragg, qui n'avait plus la confiance des soldats vaincus à Missionary-Ridge, fut remplacé, en dépit de l'opposition de Jefferson Davis, par un prudent tacticien, le général Johnston. Tous les hommes enrôlés reçurent l'ordre de rester au service jusqu'à la fin de la guerre; les réfractaires de la Caroline du Nord et de certaines parties de l'Alabama furent pourchassés

blique; mais il faudrait nécessairement procéder à de nouvelles élections générales. Le cabinet est ainsi composé : M. William Seward, secrétaire d'état; — M. Hugh Mac-Culloch, secrétaire du trésor; — M. Edwin Stanton, secrétaire de la guerre; — M. Gideon Welles, secrétaire de la marine; — M. William Dennison, directeur des postes; — M. Harlan, secrétaire de l'intérieur; — M. James Speed, avocat-général.

comme des bêtes fauves et de force enrégimentés dans l'armée; tous les hommes valides de dix-sept à cinquante ans, sans autre exception que celle des ouvriers et des commis employés en qualité d'ordonnances dans les établissemens militaires, furent appelés sous les drapeaux; on organisa en corps de milices les enfans de seize à dix-sept ans et les vieillards de cinquante à cinquante-cinq ans, tandis que des milliers de femmes et de jeunes filles prirent dans les bureaux de l'administration la place des employés devenus soldats. En même temps l'opinion publique, si l'on peut appeler ainsi la clameur des esclavagistes furieux qui voulaient à tout prix venger leurs défaites, poussait le gouvernement confédéré à laisser de côté tout souci pour le droit des gens et à proclamer contre les envahisseurs du nord une guerre sans trêve ni merci. Les chefs de la rébellion eurent la prudence de ne pas céder entièrement à ces dangereux conseils; mais ils se rendirent à demi, et les traitemens barbares qu'ils firent désormais infliger aux prisonniers eurent surtout pour but de satisfaire l'exaspération des ennemis les plus féroces de l'Union.

Les atrocités dont les autorités confédérées se sont rendues coupables à l'égard de leurs captifs sont certainement les actes les moins excusables de la confédération rebelle, et rien ne prouve mieux combien était mauvaise une cause qui menait à de si déplorables conséquences. L'échange régulier des prisonniers étant presque entièrement interrompu parce que les confédérés se refusaient à traiter comme des hommes les soldats fédéraux de race noire et condamnaient à un nouvel esclavage tous ceux qu'ils avaient capturés, le nombre des captifs s'était graduellement accumulé dans les prisons du nord et du sud. A une certaine époque on en compta même jusqu'à 60 ou 70,000 entre les mains des rebelles et près de 100,000 au pouvoir des unionistes. Sûr que de son côté le gouvernement de l'Union ne descendrait jamais jusqu'à user de représailles à l'égard des malheureux que le sort de la guerre avait livrés à sa merci, les chefs de la confédération esclavagiste eurent la faiblesse d'autoriser ou tout au moins de tolérer un système de lâches persécutions et de traitemens barbares contre les prisonniers fédéraux. Même à Richmond, sous les yeux de Jefferson Davis et de ses amis, les officiers du nord étaient entassés par centaines dans les chambres de *Libby-Prison*, où ils manquaient d'air et de lumière, et la nourriture malsaine qu'on leur donnait était à peine suffisante pour les empêcher de mourir d'inanition; la nuit, ils se réveillaient en sursaut à la moindre alerte, car leurs geôliers ne leur avaient pas caché que l'édifice était miné et que si les fédéraux arrivaient à s'emparer de la ville, ils ne trouveraient que les ruines de la prison.

Les simples soldats, encore plus maltraités que les officiers, exposés à toutes les intempéries de l'air et à tous les miasmes des marécages voisins, campaient dans une île étroite de la rivière James, qui était devenue graduellement un affreux hôpital. C'était bien pis dans les campemens lointains de Salisbury, de Millen, d'Andersonville. Dans ce dernier endroit, un espace marécageux de 10 hectares, traversé par une eau croupissante qui fut bientôt transformée en égout, contenait parfois jusqu'à 32,000 prisonniers étendus sur le sable ou dans la boue. Une horrible mortalité sévissait dans ce hideux enclos dont on avait, comme par ironie, confié la garde à un ancien médecin, le colonel Wirtz. A 6 mètres en deçà des palissades extérieures se trouvait une faible barrière qu'on appelait la *ligne de la mort :* des balles de fusil frappaient aussitôt celui qui s'appuyait seulement sur cette enceinte; des canons plantés sur les hauteurs voisines étaient tournés contre la foule grouillante des prisonniers pour les mitrailler au moindre signal, et lorsqu'un individu parvenait à s'échapper, des limiers de chasse dressés à la poursuite de l'homme le suivaient à la piste et le saisissaient dans les bois. Des centaines de témoignages authentiques, recueillis par les agens de la commission sanitaire, et plus tard fournis par des centaines de malheureux soldats, confirment toutes ces horreurs d'une manière uniforme.

Si le gouvernement des États-Unis n'avait point à imiter la conduite des autorités rebelles à l'égard des prisonniers, en revanche il aurait dû, comme Jefferson Davis, recourir aux moyens les plus énergiques pour consolider les forces nationales et leur maintenir l'avantage de l'offensive. Grant, le vainqueur de Vicksburg et de Missionary-Ridge, fut appelé à Washington par le secrétaire de la guerre, M. Stanton, qui voulait lui faire prendre le commandement en chef de l'armée et donner ainsi une plus grande unité à l'ensemble des opérations militaires. Le général patient et résolu qui, dans les célèbres campagnes du Mississipi et du Tennessee, avait pu combiner si heureusement l'énergie la plus persévérante et l'initiative la plus soudaine était bien l'homme de la situation par son génie militaire et par ses vertus personnelles. Loin de craindre des rivaux en triomphes et en popularité, il s'empressa tout au contraire de signaler à l'attention du président Lincoln et de choisir pour lieutenant dans les régions du sud-ouest un homme qu'il considérait comme son égal ou même comme son supérieur en intelligence stratégique, le général Sherman. Toutefois l'exemple de vrai patriotisme donné par Grant ne fut point suivi par tous les autres chefs : bien des tiraillemens eurent lieu, de nombreuses rivalités éclatèrent dans l'état-major de l'armée, et le travail de réorganisation ne put s'opérer que lentement. Avant de commencer la campagne suprême de la guerre, il s'agissait de discipliner les généraux non moins que les 200,000 recrues amenées sous les drapeaux par le nouvel appel de 500,000 hommes que lança le président.

Précisément à l'époque où Grant allait devenir généralissime des forces nationales et se promettait de les faire concourir harmoniquement à l'exécution d'un plan général d'attaque, les armées étaient éparpillées sur divers points de la république, et plusieurs expéditions étaient entreprises à la fois dans des vues tout à fait différentes les unes des autres, sous l'inspiration de divers membres du gouvernement. D'ailleurs, toutes ces expéditions furent également malheureuses : pendant la fin de l'hiver et les premiers jours du printemps, ce ne fut qu'une longue série de défaites partielles. Poussés presque aux limites du désespoir par la situation fatale dans laquelle se trouvait la confédération, les rebelles combattaient avec rage et repoussaient partout leurs adversaires; en plusieurs endroits même ils se hasardaient sur le territoire qui leur avait été arraché précédemment, et s'emparaient de postes fortifiés, de parcs d'artillerie, de convois d'approvisionnemens. Au point de vue purement militaire, cette période de quelques mois fut l'une des plus brillantes de la courte existence des états confédérés, et peut-être les chefs de la rébellion se laissèrent-ils bercer un instant par le vain espoir de relever la fortune chancelante de leur nouvel empire.

Le premier succès des armes du sud eut lieu non loin de la vallée de la Shenandoah, où les confédérés avaient déjà remporté tant de victoires. Le général Early, qui commandait dans la vallée, ayant appris que les unionistes devaient envoyer un grand convoi d'approvisionnemens à Petersburg, l'un des postes avancés du Potomac qui défendaient au sud le chemin de fer si important de Baltimore à l'Ohio, résolut de l'enlever et de surprendre en même temps la garnison. Le 30 janvier, il divisa ses troupes en deux corps séparés dont l'un devait menacer la place et l'autre s'emparer du convoi, leur fit traverser les cols encore encombrés de neige qui s'élèvent à l'ouest de la vallée de la Shenandoah et se présenta inopinément sur les bords du Potomac. Tout réussit à souhait. Le train fut capturé, la garnison de Petersburg se hâta d'évacuer la place en abandonnant son artillerie, et l'avant-garde confédérée, s'avançant jusqu'au chemin de fer de Baltimore à l'Ohio, y livra deux ponts aux flammes. Ce n'était là qu'un *raid* et non pas une sérieuse opération de guerre, mais il n'en était pas moins humiliant que les séparatistes pussent venir braver leurs adversaires en pleine Virginie occidentale.

En même temps, le général Pickett, qui commandait les troupes confédérées dans la Caroline du Nord, faisait une importante démonstration contre la place de New-Bern, située au confluent de la Trent et de la Neuse et défendant la vaste mer intérieure connue sous le nom de Pamlico-Sound. Depuis deux ans que les fédéraux s'étaient emparés de New-Bern, ils avaient eu le temps de fortifier cette ville et de la mettre à l'abri de toute attaque; néanmoins le général Pickett résolut de tenter l'aventure. Le 1er février au matin, deux brigades apparaissaient à l'improviste devant les retranchemens de Bachelo'rs Creek, élevés à l'ouest de New-Bern, entre de vastes marécages et le cours de la Neuse. Les unionistes résistèrent longtemps avec succès contre les forces bien supérieures en nombre du général Pickett; mais, celui- ci ayant réussi à faire traverser le marécage à une partie de ses troupes, les fédéraux attaqués en flanc durent abandonner précipitamment leur première ligne de défense et se réfugier dans les fortifications de New-Bern où l'ennemi n'osa point les poursuivre. Des batteries armées de nombreuses pièces de canon garnissaient les remparts, et l'*Underwriter* venait de remonter la rivière pour prendre à revers les assaillans. Ceux-ci furent donc obligés de renoncer à leur espoir de capturer la ville; mais ils ne voulurent point partir sans avoir infligé une perte sensible aux fédéraux. La nuit, une flottille de bateaux s'approcha silencieusement de l'*Underwriter*, ancré à une centaine de mètres des batteries de la jetée; l'équipage eut à peine le temps de tirer quelques coups de fusil qu'il était déjà fait prisonnier et que le navire était livré aux flammes : c'était la plus grande canonnière que les unionistes eussent réussi à faire entrer dans la baie de Pamlico par-dessus la redoutable barre de Hatteras.

Bientôt après les fédéraux eurent à subir un échec plus grave, et cela dans une partie de la république où ils n'avaient jusqu'alors rencontré aucune résistance et qui semblait des plus faciles à reconquérir. Par sa position géographique la Floride pouvait en effet être considérée comme une contrée ouverte, et si l'on n'avait pas encore songé à s'en emparer, c'est que les armées de l'Union avaient dû être employées jusqu'alors sur un théâtre militaire plus digne d'elles. Étroite péninsule qui se prolonge d'environ 500 kilomètres entre l'Océan et le golfe du Mexique, la Floride est coupée à l'intérieur de lacs, de marécages et de larges estuaires empêchant les villes du littoral de communiquer entre elles et ne permettant pas à la population très clair-semée de s'unir pour résister à une armée d'invasion. Tous les points du rivage attaqués par les fédéraux, Fernandina, Jacksonville, Saint-Augustin, avaient promptement succombé; pour séparer d'une manière absolue l'état de la Floride du reste de la confédération et le faire rentrer dans la république des États-Unis, il n'y avait plus qu'à saisir les points importans des deux chemins de fer qui se dirigent d'une mer à l'autre à travers la base de la péninsule. Le président Lincoln, pensant que cette tâche n'offrait aucune difficulté stratégique, chargea son secrétaire particulier, le major John Hay, d'aller porter lui-même aux Floridiens la proclamation d'amnistie et de réorganiser l'administration civile dans l'état reconquis. Le général Truman Seymour, lieutenant de Gillmore, avait pour mission de frayer la voie à l'ambassadeur pacifique en débarrassant le nord de la Floride des soldats confédérés qui pouvaient se trouver çà et là dans les villages de la contrée.

La petite armée de Seymour, forte de 6 à 7,000 hommes, débarqua le 7 février à Jacksonville, et, dès le surlendemain, l'avant-garde campait à Baldwin, point de croisement des deux chemins de fer de la Floride septentrionale; mais au lieu de se fortifier d'abord dans cette station centrale, qui lui donnait le contrôle stratégique d'une grande partie de l'état et dont la possession lui permettait d'arrêter au passage presque tous les approvisionnemens envoyés de la Floride aux garnisons de Charleston et de Savannah, le général Seymour eut l'imprudence de continuer sa route vers l'ouest, sans même se donner la peine de faire reconnaître sérieusement le pays par des éclaireurs. Cependant les confédérés n'étaient pas inactifs; le général Beauregard, n'ayant alors rien à craindre pour la sécurité de Charleston, envoya toute une brigade d'infanterie et de forts détachemens de cavalerie au secours du général Finnegan, qui commandait les troupes floridiennes; la ville de Savannah prêta des pièces d'artillerie; des milices arrivèrent en foule de la Georgie et de la Floride occidentale. Le 20 février au matin, l'avant-garde fédérale se heurtait contre l'armée de Finnegan, bien supérieure en nombre et solidement retranchée au milieu d'un maigre bois de pins, derrière une ligne continue de fossés et de redoutes que défendaient au nord le grand lac d'Ocean-Pont, au sud les marécages d'Olustee. Vers deux heures de l'après-midi, la bataille commença, et vers le soir les troupes fédérales étaient en pleine déroute, laissant entre les mains de l'ennemi cinq pièces d'artillerie et 500 prisonniers. Un millier de morts et de blessés restèrent sur le champ de bataille : sans le dévouement de quelques centaines de nègres, qui se firent tuer pour leurs compagnons d'armes, un bien petit nombre de fédéraux auraient pu raconter le désastre d'Olustee.

Dans l'état du Mississipi, une autre campagne, entreprise par un homme de guerre bien supérieur au général Seymour et avec des forces bien plus considérables que la petite armée de la Floride, aboutit également à un insuccès; l'honneur resta sauf, des résultats importans furent obtenus, mais le but principal de l'expédition manqua complétement. Il paraît certain que Sherman, d'accord avec le général Grant, avait résolu de changer sa ligne d'opérations contre les états du sud et de la reporter à 250 kilomètres plus à l'est, sur le fleuve Alabama, tributaire de la baie de Mobile. Suivant l'expression de l'historiographe de la rébellion, M. Pollard, il voulait « déplacer le cours du Mississipi » et prendre ainsi à revers l'état de la Georgie, clé de voûte de la confédération. Si Sherman avait réussi à se loger avec une armée considérable à Selma ou sur tout autre point des bords de l'Alabama, il coupait en même temps les chemins de fer et les voies fluviales qui relient Mobile aux contrées de l'intérieur, il obligeait la garnison de cette ville, que bloquait d'ailleurs une flotte considérable, à évacuer précipitamment la place pour ne pas y mourir de faim, il ouvrait aux transports fédéraux toutes les rivières qui débouchent dans la baie de Mobile, et, solidement retranché dans le triangle stratégique formé par les deux fleuves Alabama et Tombigbee, il bravait tous les efforts que pourraient faire les confédérés pour le déloger. Désormais appuyé sur deux lignes d'approvisionnement et de renfort, celle de Vicksburg à Selma par Jackson et Meridian et celle de Mobile par le cours du fleuve Alabama, il aurait en outre forcé l'armée confédérée de la Georgie à changer de front et aurait ainsi assuré aux forces unionistes du Tennessee la libre possession du long chemin de fer si souvent menacé qui unit Nashville à Chattanooga. Du même coup il eût délivré définitivement les deux états du Mississipi et du Tennessee : la guerre eût été circonscrite dans l'espace relativement étroit compris entre les monts Alleghanys et les rivages de l'Atlantique.

Il est vrai que pour s'aventurer ainsi dans l'intérieur des états confédérés, le général Sherman allait être obligé d'abandonner le fleuve qui lui servait de ligne de base, et de transporter avec lui les approvisionnemens nécessaires à la subsistance d'une armée. C'était là une grande difficulté; mais Grant avait déjà prouvé qu'il était possible de la vaincre lorsqu'il exécuta son beau mouvement circulaire autour de Vicksburg. Sherman savait qu'il ne rencontrerait dans sa marche à travers l'état du Mississipi que des troupes trop peu nombreuses pour l'arrêter, et d'ailleurs il comptait bien que son armée pourrait largement fourrager sur les plantations de la route. Toutefois, et ce fut peut-être là son tort, il n'osa pas s'adjoindre un corps de cavalerie considérable, de peur qu'il lui fût impossible de faire subsister à la fois des milliers de chevaux et la multitude de ses mulets de transport sur le sol appauvri qu'il allait parcourir. C'est à Memphis, à 320 kilomètres au nord de Vicksburg, qu'il fit concentrer sous les ordres des généraux Jackson, Smith et Grierson, les 7,000 hommes de cavalerie qui devaient coopérer à sa grande expédition, en traversant obliquement toute la partie septentrionale de l'état du Mississipi pour rejoindre le gros de l'armée à la ville de Meridian, située non loin de la frontière de l'Alabama, au point de croisement des chemins de fer de Vicksburg à Selma et de Mobile à l'Ohio.

Le 3 février, il partit lui-même à la tête de 25,000 hommes, divisés en deux corps, que commandaient Hurlbut et le jeune Mac-Pherson, l'un des chefs les plus actifs et les plus intelligens de l'armée fédérale. Se dirigeant en droite ligne vers l'est, en suivant la ligne du chemin de fer, le général Sherman ne rencontra point d'obstacles sérieux, et sa marche ne fut guère autre chose qu'une grande promenade militaire de près de 20 kilomètres par jour. L'évêque-général Polk, trop faible pour résister à l'armée fédérale, et ne pouvant compter sur l'appui du général Johnston, qui était lui-même vivement pressé dans la Georgie du Nord par les forces de Thomas, recula prudemment vers l'Alabama, et dut se borner à faire couvrir sa retraite par la cavalerie de son lieutenant Stephen Lee. Il évacua successivement Jackson, Brandon, Meridian, fit transporter à Mobile et à Selma tout le matériel des chemins de fer de l'état, puis se réfugia lui-même dans l'Alabama au-delà du Tombigbee. Le 14 février, Sherman, que Polk précédait d'une étape, entrait à Meridian, éloigné de Vicksburg de plus de 200 kilomètres; mais il n'y trouva point la cavalerie à laquelle il avait donné rendez-vous. Il attendit pendant cinq jours qu'il utilisa en faisant détruire complétement le chemin de fer de Mobile jusqu'à 30 et 40 kilomètres au nord et au sud de Meridian; mais, ne recevant aucun message qui lui apprît le sort de Smith et de Grierson, il comprit qu'ils avaient été repoussés et dut se décider à revenir sur ses pas, car il eût été trop imprudent de s'engager plus loin dans l'intérieur sans cavalerie qui protégeât ses flancs.

Les 6,000 cavaliers que commandaient Smith et Grierson avaient pénétré facilement jusque dans l'intérieur du Mississipi, en poussant devant eux les détachemens confédérés de Forrest. Toutefois ces détachemens grossissaient peu à peu à mesure que les fédéraux approchaient de Meridian, et lorsque ceux-ci arrivèrent à West-Point, aux deux tiers environ de la route qu'ils avaient à parcourir, la cavalerie du général Lee vint faire sa jonction avec celle du général Forrest et barrer la route aux hommes du nord. Repoussés dans une première rencontre, ceux-ci se décidèrent à battre en retraite, mais en cherchant sans cesse un moyen qui leur permît de tourner l'ennemi et d'accourir au secours de Sherman. Chaque jour, au passage de chaque rivière, au détour de chaque bois, ce furent de nouvelles escarmouches, dans lesquelles les fédéraux ne furent pas toujours vainqueurs. Ils reprirent l'offensive à Okolona, station du chemin de fer de Mobile à l'Ohio, située non loin de la frontière du Tenessee; mais ils furent repoussés d'une manière complète, et durent enfin rebrousser chemin vers Memphis, pressés vivement par leurs adversaires. Quant au général Sherman, il revint à Vicksburg sans avoir été inquiété, sans avoir perdu en traînards plus d'une centaine d'hommes. Les approvisionnemens qu'il avait emportés pour son expédition n'étaient point encore épuisés, et pourtant il ramenait avec lui une autre armée de 8,000 hommes, composée de nègres enfuis des plantations mississipiennes. En dépit de l'insuccès de sa tentative au point de vue stratégique, Sherman avait eu la gloire de faire subsister une armée pendant près d'un mois en plein pays ennemi et loin de sa base d'approvisionnemens sans que le moral ou la discipline des troupes eussent à souffrir et que leur solidité comme force d'attaque fût en rien diminuée. C'était là une expérience précieuse pour le général qui devait un jour entreprendre à travers la Georgie la célèbre marche d'Atlanta aux bords de l'Océan.

Aussitôt après le retour de Sherman, le général Banks, gouverneur militaire de la Louisiane, empruntait un corps de 10,000 hommes à l'armée revenue de Meridian et lui donnait rendez-vous à l'embouchure de la Rivière-Rouge pour l'aider dans une expédition qu'il voulait entreprendre à l'ouest du Mississipi contre les armées du Texas. De son côté, l'amiral Porter, commandant la flotte du Mississipi, consentit à prêter une escadre de transports et de vapeurs blindés pour forcer le passage de la Rivière-Rouge. Quels étaient les mobiles secrets de cette expédition, et quels sont les hommes sur lesquels doit en peser la responsabilité, c'est là ce qui n'a pas encore été élucidé. Quoi qu'il en soit, il est certain que nombre de spéculateurs juifs et chrétiens, militaires et commerçans, n'étaient pas fâchés de voir une armée considérable pénétrer dans les districts riches en coton de la Louisiane occidentale et du Texas. De fortes accusations ont été portées à ce sujet contre divers généraux, et jusque dans le comité d'investigation nommé par le congrès on a pu affirmer, documens en main, que des soldats avaient été envoyés à la mort pour que des marchands en uniforme pussent s'enrichir aux dépens de la république. Quoi qu'il en soit, l'expédition, mal combinée, mal conduite, devait aboutir à un désastre et se terminer par une honteuse retraite. D'ailleurs, la tentative du général Banks contre le Texas eût-elle été couronnée du plus grand succès, elle n'en eût pas moins été une faute au point de vue stratégique. Alors qu'il importait avant toutes choses de resserrer de plus en plus le cercle des combattans autour des états rebelles presque épuisés du versant de l'Atlantique, c'était un véritable malheur que de rendre 30,000 hommes inutiles en leur faisant exécuter une promenade militaire à l'ouest du Mississipi. N'étant pas encore complétement préparé pour sa grande campagne contre Johnston et Lee, le gouvernement fédéral autorisa cette excursion du général Banks, que l'on croyait, d'après des renseignemens erronés, devoir être courte et décisive. Le premier acte de Grant, lorsqu'il eut été nommé commandant en chef des armées fédérales, fut de rappeler Banks, mais il était trop tard, l'expédition était déjà trop avancée.

Les premiers mouvemens furent exécutés d'une manière brillante. Le général Franklin, qui commandait le gros de l'armée, partit le 1er mars de la Nouvelle-Orléans et se dirigea en droite ligne vers Alexandria en dispersant les bandes confédérées qui campaient dans les districts du *bayou* Têche et des Opelousas. Le corps de Jackson Smith, qui devait remonter le cours de la Rivière-Rouge, accompagné par la flotte de l'amiral Porter, quitta les bords du Mississipi douze jours plus tard, et dès le 14 il arrivait en vue du fort de Russey, ouvrage redoutable devant lequel le colonel Ellet avait dû naguère abandonner la *Queen of the West*, et qui depuis cette époque avait été considérablement agrandi. Les fédéraux ayant fait tomber dans une embuscade une grande partie de la garnison, réussirent à s'emparer du fort presque sans coup férir ; deux jours après, ils occupaient la ville d'Alexandria, que l'armée texienne de Kirby Smith venait d'évacuer, sans même tenter de la défendre. C'est là, à 250 kilomètres environ du confluent de la Rivière-Rouge et du Mississipi, que le général Banks s'arrêta pour faire les derniers préparatifs de sa campagne. Fidèle à son plan de défense, Kirby Smith battit prudemment en retraite et se contenta de faire harceler par des bandes de tirailleurs les flancs des troupes fédérales; mais en reculant le général confédéré se rapprochait sans cesse de la place d'armes de Shreveport, où se trouvaient ses munitions et ses approvisionnemens; de plus, il venait s'appuyer sur les forces de Richard Taylor et sur la petite armée du général Stirling Price, qui guerroyait dans l'Arkansas méridional. De son côté, Banks, en remontant le cours de la Rivière-Rouge, s'éloignait toujours davantage de la base d'opérations, et l'amiral Porter avait des difficultés de plus en plus grandes à vaincre pour surmonter les rapides et tourner les embarras d'arbres qui obstruent le lit du fleuve. Que l'eau de la Rivière-Rouge vînt à baisser, et toute la flotte pouvait rester prisonnière entre deux bancs de vase.

Le 8 avril au matin, les troupes fédérales d'avant-garde qui marchaient à travers les bois et les savanes dans la direction de Shreveport, déjà très rapprochée, furent surprises à Sabine-Cross-Roads, non loin du village de Mansfield, par des forces très supérieures en nombre, qui bientôt parvinrent à les tourner sur les deux flancs. Le combat fut sanglant et acharné; mais à la fin les hommes du nord durent reculer. Ils essaient d'abord de se retirer en bon ordre; cependant la ligne de retraite est obstruée par des centaines de wagons de transport; le désarroi se met dans tous ces attelages; les affûts, les caissons qui roulent à grand bruit viennent augmenter le désordre; il faut couper les traits pour sauver les chevaux, abandonner l'artillerie, tout le convoi d'approvisionnemens. La retraite se change en fuite, puis en panique irrésistible. Des milliers de fuyards traversent éperdus le centre, puis l'arrière-garde de l'armée qui se referme derrière eux, et ne s'arrêtent qu'aux bords de la Rivière-Rouge.

Dans cette fatale journée, les fédéraux perdirent dix-huit canons et près de 1,500 hommes, et reculèrent de 15 kilomètres environ jusqu'à une petite éminence connue sous le nom de Pleasant-Hill. Le lendemain, les confédérés voulurent poursuivre leurs avantages; mais pendant la nuit les troupes du nord, revenues de leur surprise, s'étaient solidement retranchées au pied de la colline, sur un terrain couvert de broussailles qu'entourait une forêt de grands arbres. Des tirailleurs étaient cachés derrière chaque arbuste, des batteries étaient plantées sur la hauteur, prêtes à balayer l'ennemi, s'il se présentait dans l'espace libre pour monter à l'assaut. Vers le soir, les confédérés s'élancèrent au pas de course pour emporter la position; mais ils furent mitraillés à bout portant et rentrèrent sous le couvert du bois en laissant le sol jonché de leurs morts.

En dépit de cette victoire du second jour, le général Banks, privé d'une grande partie de ses approvisionnemens, menacé sur ses derrières par de forts détachemens confédérés, qui parcouraient les bords de la Rivière-Rouge et mettaient le siége devant Alexandria, dut ordonner la retraite vers le Mississipi. D'ailleurs le général Steele, qui avait eu pour mission d'aider l'armée de Banks en attaquant Shreveport du côté du nord avec les troupes fédérales de l'Arkansas, avait laissé enlever par Sterling Price tout son convoi de subsistances au passage d'une rivière, et, de peur de mourir de faim, il s'était retiré en toute hâte à son quartier-général de Little-

Rock. Cessant d'être soutenu par les forces de Banks, l'amiral Porter, qui s'était aventuré déjà jusqu'à 100 kilomètres en amont de Pleasant-Hill, tout près de Shreveport, dut également rebrousser chemin vers les eaux profondes du Mississipi. La flottille courut grand risque de rester bloquée en amont de quelque rapide. Obligés chaque jour de disperser à coups de canon les bandes ennemies qui les suivaient sur les deux berges, les vaisseaux descendirent péniblement, à travers les bancs de sable et les embarras d'arbres, jusqu'en amont d'Alexandria; là, toute l'escadre se trouva retenue par le manque d'eau; elle semblait inévitablement perdue, et les confédérés, se réjouissant d'avance de la grande capture qu'ils allaient faire, harcelaient sans cesse les régimens fédéraux qui veillaient sur les deux rives. Bailey, rude pionnier de l'ouest, devenu colonel dans l'armée fédérale, trouva le moyen de tirer l'amiral Porter de cette fâcheuse position; il fit barrer la rivière pour élever le niveau des eaux, puis il ouvrit à travers le barrage un canal de fuite dont le courant rapide emporta successivement les navires par-dessus les obstacles du fond; un seul, l'*Eastport*, resta sur un haut-fond, et dut être incendié. Ainsi fut sauvée l'escadre, qui paraissait devoir tomber, comme une proie facile, entre les mains de l'ennemi. Le général Banks n'avait pas été aussi heureux que Porter; il avait laissé derrière lui, en morts et prisonniers, plus d'un quart de son armée, il avait perdu une grande partie de son artillerie, et ne rapportait en signe de trophée que des milliers de balles de coton. Privé désormais de tout prestige militaire aux yeux de ses soldats, il fut remplacé par le général Canby dans le commandement de « l'armée du Golfe » et dut se borner à exercer les fonctions de gouverneur civil de la Louisiane.

Tandis que les fédéraux essayaient vainement d'accroître sur les deux rives du Mississipi la zone que leur avait value la prise de Vicksburg et de Port-Hudson, les esclavagistes cherchaient dans le cercle d'armées formé autour d'eux un espace mal gardé par lequel il leur fût possible de reporter la guerre vers les régions populeuses du centre. Cet espace libre, les confédérés le trouvèrent, grâce à la connivence des *copperheads* qui fourmillaient dans le Kentucky. Forrest, ancien marchand d'esclaves promu dans le sud à la dignité de général, fit tout à coup son apparition à la tête de 7,000 hommes dans le Kentucky occidental, et, le 25 mars, il se présenta devant la ville importante de Paducah, que des affidés du nord avaient, dit-on, approvisionnée de marchandises de toutes sortes en prévision de la visite de leurs alliés. La cité fut mise au pillage, mais la garnison du fort, composée en grande partie de nègres, se défendit victorieusement pendant deux jours et força les esclavagistes à la retraite. Furieux de son échec, Forrest se jette alors avec toutes ses troupes contre le petit fort Pillow, ouvrage de 4 canons, situé sur une falaise de la rive gauche du Mississipi et défendu par 500 soldats, dont 250 nègres. La garnison résista jusqu'au soir; mais, le commandant Booth ayant été frappé à mort et la canonnière qui prenait en enfilade les assaillans ayant épuisé toutes ses munitions, les confédérés escaladèrent les murailles et pénétrèrent dans le fort. Les hommes de la garnison jetèrent leurs armes et demandèrent quartier. Ce fut en vain, une horrible boucherie commença. Les blessés, blancs et nègres, furent achevés à coups de crosse et de baïonnette; les fuyards furent abattus à la course, tués jusque dans l'eau du Mississipi; des femmes et des enfans qui se trouvaient dans le fort ne furent même pas épargnés. Des soldats féroces se donnèrent le plaisir d'enterrer vifs quelques-uns des vaincus. Plus de la moitié des prisonniers blancs périrent ainsi; quant aux nègres, à peine une dizaine d'entre eux, mutilés et laissés pour morts sur le sol rougi de sang, survécurent-ils à cette affreuse tuerie et purent-ils en raconter les détails. D'abord on voulut mettre leurs récits en doute, mais les meurtriers eux-mêmes ne craignirent pas de vanter insolemment leurs exploits et trouvèrent des admirateurs jusque dans le sénat de Richmond. D'ailleurs une commission nommée par le congrès fédéral alla sur les lieux mêmes recueillir les preuves irrécusables du massacre. Plus tard, la veuve du commandant Booth vint porter aux soldats nègres de la garnison de Memphis un drapeau brodé de ses propres mains et leur fit jurer de venger leurs frères tombés. La conséquence inévitable des scènes affreuses qui s'étaient passées au fort Pillow devait être de donner un caractère de férocité beaucoup plus grande à la guerre qui désolait ces contrées.

Le général Forrest, content de son œuvre de sang, se hâta de faire sauter les remparts du fort Pillow qu'il eût été incapable de défendre, et se réfugia dans l'intérieur du Tennessee, puis dans l'état du Mississipi, poursuivi par les généraux Sturgis et Grierson. Il avait fait beaucoup de mal, mais du moins n'avait-il pu reconquérir d'une manière permanente aucune position stratégique. Dans la Caroline du Nord, le général confédéré Hoke, l'un de ceux qui, sous les ordres de Pickett, avaient fait une tentative infructueuse contre New-Bern, fut plus heureux dans une attaque contre la ville de Plymouth. Cette place, située à l'embouchure du Roanoke et vis-à-vis de celle de Chowan, a pour les eaux intérieures de l'Albemarle-Sound une importance stratégique égale à celle de New-Bern pour les eaux du Pamlico; si les fédéraux avaient pu s'y maintenir, Plymouth aurait pu leur servir de poste avancé pour attaquer le chemin de fer de

Wilmington à Richmond, qui était la principale voie d'approvisionnemens militaires de la confédération. Comparée à Nashville, à Chattanooga, à la Nouvelle-Orléans, Plymouth n'était certainement qu'une place de second ordre; mais la perte de cette position n'en constitua pas moins un sérieux échec pour les fédéraux, le plus grave qu'ils aient eu à subir pendant toute cette période d'insuccès qui commença l'année 1864.

La ville, occupée depuis deux années par les fédéraux, était solidement fortifiée. Au centre s'élevait un ouvrage considérable, le fort Williams; deux autres redoutes, le fort Gray en amont et le fort Wessells en aval, défendaient Plymouth du côté de la rivière; à l'est, les derrières de la place étaient couverts par des retranchemens élevés sur les bords du ruisseau marécageux de Conoby. La garnison, forte de 1,500 hommes environ, était commandée par un officier énergique et capable, le général Wessells. Le 17 avril au soir, les 10,000 confédérés, que le général Hoke avait amenés à l'insu de ses adversaires à travers les marécages et les ruisseaux débordés, attaquent à l'improviste les avant-postes fédéraux et les repoussent au-delà du Conoby. Le lendemain, ils coulent un navire et s'emparent de quelques ouvrages extérieurs, canonnent le fort Gray pour attirer de ce côté l'attention des unionistes, tandis que le général Hoke se dirige vers la redoute Wessells, et réussit, après un combat acharné, à faire capituler la faible garnison de ce fortin. L'investissement de Plymouth eût été complet si les fédéraux n'avaient été maîtres de la rivière par leur flottille; mais tout à coup on voit apparaître sur le Roanoke une de ces monstrueuses masses de fer sur lesquelles ricochent les boulets et qui sont munies à l'avant d'un éperon d'acier. Ce vaisseau cuirassé, l'*Albemarle*, dont on avait souvent entendu parler, mais que la plupart des journaux du nord prenaient pour un mythe, passe devant le fort Warren et les batteries de la ville sans répondre aux boulets, se dirige à force de vapeur vers la canonnière *Southfield*, décharge sa caronade à bout portant et frappe de sa pointe le navire fédéral. Celui-ci coule aussitôt et si rapidement que l'*Albemarle* lui-même est entraîné et ne peut se dégager des ruines avant que l'eau ait déjà pénétré par les sabords sous sa cuirasse. Pendant ce temps, le *Miami* s'acharnait vainement à canonner le monstre de fer; mais, pour éviter l'éperon qui le menaçait, il dut s'enfuir précipitamment vers l'île de Roanoke. Cerné de toutes parts, le général Wessells n'en dédaigna pas moins de se rendre; les confédérés ne purent s'emparer de la ville et des forts que dix jours plus tard, après de sanglans assauts vaillamment repoussés.

La prise de Plymouth, exploit qui couronnait une longue série de succès et qui mit le comble à la joie des esclavagistes, fut le dernier triomphe de la confédération rebelle. La lutte suprême qui devait amener sa ruine allait commencer en Virginie. Entre les deux grandes armées qui s'observaient sur les bords du Rappahannock et du Rapidan un long armistice avait régné. A peine cette trêve avait-elle été interrompue, à la fin du mois de février et au commencement de mars, par un grand *raid* du général de cavalerie Kilpatrick, qui avait pénétré jusque dans la première enceinte de Richmond en détruisant les stations et les ponts de chemins de fer sur une longueur de plus de 60 kilomètres. D'ailleurs cette expédition n'eut guère d'autre résultat que d'exaspérer les haines et d'activer les immenses préparatifs qui se faisaient en vue de la campagne décisive.

II. — CAMPAGNE DE LA VIRGINIE ET SIÉGE DE PETERSBURG.

Grant est nommé lieutenant-général et commandant en chef des armées de la république. — Commencement simultané des campagnes de Virginie et de Georgie. — Plans du général Grant. — Bataille du Wilderness. — Bataille de Spottsylvania. — Marche de flanc du général Grant. — Occupation de Sexton's-Junction par l'armée du général Lee. — Défaite du général Siegel dans la vallée de la Shenandoah. — Prise de City-Point et de Bermuda-Hundred par le général Butler. — Insuccès de l'attaque du fort Darling. — Passage du Pamunkey. — Bataille de Coal-Harbour ou du Chickahominy. — Prise de Staunton — Passage du James-River. — Siége de Petersburg. — Invasion d'Early et de Breckenridge dans le Maryland. — Bataille du Monocacy. — Démonstrations contre Washington. — Assaut infructueux des forts de la colline du cimetière de Petersburg. — Warren s'établit sur le chemin de fer de Weldon. — Trois batailles en cinq jours. — Pourparlers en faveur de la paix. — Réponse du président Lincoln.

Pendant que tous ces petits succès, venant après les grands revers de l'année précédente, ranimaient les espérances des rebelles, les deux principales armées de l'Union se massaient de plus en plus solidement à 500 kilomètres l'une de l'autre sur les bords du Tennessee et sur ceux du Rapidan. Le 9 mars, les diverses formalités qui avaient retardé l'élévation de Grant à la dignité de lieutenant-général étaient enfin levées, et bientôt après il prenait le commandement en chef de toutes les forces de la république. Sans tarder, il se mit personnellement à la tête de l'armée du Potomac et choisit la tente pour quartier-général. Impassible, il semblait ignorer les incursions de Forrest, la chute de Plymouth et les mouvemens divers des généraux ennemis ayant tous pour but de détourner son attention et de retarder l'orage qui allait éclater sur la Virginie. Durant près de deux mois, il n'eut d'autre souci que de refondre tous les corps d'armée, de réorganiser les états-majors, d'amasser les approvisionnemens et les munitions et de préparer ses plans en vue de la grande campagne qui devait, concurremment avec celle de Sherman, porter le coup de grâce à la rébellion.

Aussi bien que le président Lincoln et la plupart de ceux qui avaient pris part à la haute direction des armées américaines, le général Grant avait pour but d'enserrer la confédération esclavagiste et de l'étouffer dans un cercle incessamment rétréci. C'est là ce qu'on appelait vulgairement le plan de l'*anaconda* ou du « serpent boa » en faisant allusion aux anneaux que le reptile enroule autour de sa victime pour lui rompre les vertèbres. Le projet d'envelopper ainsi un territoire ayant une circonférence d'au moins quatre mille kilomètres est certainement le plus gigantesque qui ait jamais été conçu dans l'histoire des guerres, et l'on comprend qu'il ait semblé tout à fait chimérique à nombre de stratégistes d'Europe, quand on se souvient que pendant la campagne de Crimée les Français et les Anglais, maîtres de la mer, n'ont cependant pas réussi à séparer la péninsule du reste de l'empire et à couper les voies de communications qui rattachaient Sébastopol à la Russie. Toutefois ce plan était indiqué d'une manière irrévocable par la disposition géographique des contrées qu'il s'agissait de conquérir. Déjà toute une moitié de l'immense pourtour, c'est-à-dire la côte maritime, pouvait être facilement entourée et surveillée par les centaines de navires de la flotte américaine. De même la longue « mer intérieure » que forment les eaux du Mississipi dans leur cours à travers les anciens états à esclaves invitait pour ainsi dire les vaisseaux de l'Union à descendre vers le golfe du Mexique, à séparer les états de l'ouest du groupe principal des états insurgés et à déplacer par cela même d'un millier de kilomètres plus à l'est la frontière stratégique de la confédération rebelle. Restait le côté septentrional du grand quadrilatère occupé par l'insurrection, et c'est de ce côté que devaient opérer les armées de l'Union pour reconquérir peu à peu les états du sud. Pendant les trois premières années de la guerre, elles avaient fait des progrès très considérables, mais en pivotant autour de leur aile gauche, campée non loin de Washington sur les bords du Potomac, du Rappahannock ou du Rapidan. Les troupes de l'ouest avaient conquis le Kentucky, le Tennessee, parcouru l'état du Mississipi, pénétré jusque dans l'Alabama et la Georgie, tandis que les armées de la Virginie avaient oscillé comme par une espèce de flux et de reflux entre les deux capitales, Washington et Richmond.

Le général Grant avait donc pour but de continuer l'œuvre commencée en achevant d'étouffer la confédération, à laquelle le souffle manquait déjà. Toutefois, si le nouveau commandant en chef poursuivit le même but que ses devanciers, il changea les moyens et modifia complétement le système d'attaque. Au lieu d'entretenir des forces éparses sur toute la frontière changeante du territoire occupé par les rebelles, il consolida ses troupes en deux puissans corps d'armée; au lieu de menacer à la fois toutes les positions ennemies, il se contenta d'attaquer deux points, mais ces deux points étaient la tête et le cœur. Il fit évacuer Brownsville, la Louisiane occidentale, la Floride, et même dans la vallée du Mississipi nombre de fortins qu'on avait construits sur le bord des fleuves et sur les lignes de chemins de fer. En élargissant ainsi les mailles du réseau de garnisons, il risquait, il est vrai, de laisser passer en divers endroits les bandes de pillards ennemis; mais l'impérieuse nécessité l'obligeait à économiser les hommes employés à la garde de l'immense frontière militaire et à renforcer les deux armées de toutes les troupes éparses, sauf celles des grandes villes et des points stratégiques importans. Toutes les opérations devaient être désormais subordonnées aux deux campagnes qui avaient pour but de renverser la capitale et de détruire les ressources de la confédération. Le général Grant s'était personnellement réservé la difficile entreprise de vaincre la redoutable armée de Lee et de réduire la ville de Richmond, tandis qu'à l'autre extrémité des Alleghanys le général Sherman était chargé de l'œuvre non moins grande de pénétrer en Georgie, de disperser les troupes de Jonhston, de prendre les forteresses, de brûler les arsenaux, de couper les voies de communication, de rejoindre la mer, puis de revenir triomphalement au nord en passant à travers les Carolines. Comme si la contrée occupée par les rebelles n'avait été qu'un seul champ de bataille, les forces de Grant et celles de Sherman, comparables aux deux ailes d'une armée gigantesque, devaient coopérer à la même victoire, l'une en prenant d'assaut le camp retranché de l'ennemi, l'autre en se déployant autour du théâtre de la lutte et en balayant tous les obstacles. Suivant la comparaison très juste d'un écrivain du sud, « Grant avait saisi par les cornes le taureau sacré tandis que Sherman plongeait son glaive dans les flancs de la victime. »

Considérées isolément, les troupes fédérales lancées contre la Virginie devaient accomplir sur une plus petite échelle des mouvemens analogues à ceux des deux grandes armées. Tandis que le corps principal avait pour mission d'attaquer de front l'armée de Lee et de marcher en droite ligne sur Richmond, deux corps d'une moindre importance, et cependant assez considérables, étaient chargés d'agir sur les côtés pour couper les voies de communication des confédérés, détruire leurs magasins d'approvisionnemens, menacer Lee sur ses derrières et le forcer à la retraite. Grant savait parfaitement que les campagnes de la Virginie centrale, ravagées par la guerre comme elles l'étaient, et dépeuplées en grande partie par la conscription des blancs et les réquisitions de nègres, ne produisaient plus que de maigres récoltes, à peine suffisantes pour nourrir les cultivateurs; les cent mille habitans de la capitale aussi bien que l'armée de Lee, sans cesse augmentée par de nouvelles recrues, dépendaient pour leur subsistance des hautes vallées de la Shenandoah et du James, des districts occidentaux de la Caroline du Nord et de la Caroline du Sud, enfin des plateaux de la Georgie, la grande région des céréales. Si Lee ne parvenait pas, non-seulement à résister avec toutes ses forces disponibles à la grande armée d'invasion du nord, mais encore à surveiller et à défendre toutes les voies d'approvisionnemens, il courait le risque d'être affamé, en dépit de toutes ses victoires. Dût-il même réussir à garder la plupart de ses chemins de fer et de ses canaux, la perte d'une seule voie l'obligeait à reculer pour se rapprocher prudemment de sa base d'opérations. Les trois plus précieuses de ces artères de la confédération rebelle étaient le canal de la rivière James, qui porte à Richmond les farines de la vallée de la Shenandoah, le chemin de fer de Richmond à Danville et à Charlotte qui met la Virginie en communication avec tous les états du sud, enfin la ligne de Petersburg à Weldon et à Wilmington par laquelle les troupes de Lee recevaient les armes et les munitions de guerre apportées par les vapeurs anglais.

Maître de la mer grâce à la flotte fédérale, le général Grant n'avait en aucun cas à craindre les mêmes difficultés que son antagoniste relativement aux subsistances; toutefois cette question était aussi pour lui de la plus haute importance et devait influer singulièrement sur le plan de campagne. Si Grant n'avait rien voulu risquer sous ce rapport, il aurait pu réunir toutes ses troupes à l'extrémité de la péninsule de Richmond entre Yorktown et la forteresse Monroe et recommencer à nouveaux frais la campagne de Mac-Clellan; parfaitement protégé sur les flancs par les deux rivières James et York, il n'eût pas eu à s'inquiéter de ses approvisionnemens, qui lui seraient parvenus chaque jour par les voies fluviales avec la plus grande régularité. Les raisons qui empêchèrent le général en chef de songer à ce plan sont évidentes. Il ne pouvait, sans dérouter l'opinion et réveiller de la manière la plus fâcheuse les haines politiques des partis, se borner à imiter simplement une campagne qui s'était terminée par un désastre; en outre il ne devait à aucun prix, surtout en été, aventurer son armée au milieu des marécages du Chickahominy; enfin il avait à craindre que la grande armée de Lee, après avoir mis Richmond en état de défense, ne se reportât rapidement vers la Pensylvanie, comme elle l'avait fait déjà deux fois après les batailles de la péninsule et de

Chancellorsville, et ne rendit ainsi complétement inutiles les immenses préparatifs de conquête faits pendant l'hiver. En dépit de l'embarras considérable que devait nécessairement lui causer un convoi d'approvisionnemens composé de plusieurs milliers de wagons, le général Grant n'hésita donc pas à tenter une marche directe à travers la région coupée de bois et de rivières qui sépare es bords du Rapidan de ceux de la rivière James. Pour atteindre Richmond par ce difficile chemin, il fallait marcher dans le sang, compter ses étapes par de terribles batailles, mais c'était là le seul moyen d'empêcher l'habile capitaine Lee et sa vaillante armée de reprendre l'offensive et de transférer le siége de la guerre aux portes de Washington.

Les forces massées dans la vallée du Rapidan s'élevaient à plus de 130,000 hommes et dépassaient probablement de 40 à 50,000 soldats le chiffre des troupes que leur opposait la confédération. L'ancienne armée du Potomac, qui restait sous les ordres immédiats du général Meade, avait été réorganisée et divisée en trois corps dont Grant avait confié le commandement à des chefs éprouvés, Sedgwick, Hancock et Warren. Burnside, qui se trouvait à la tête du corps de réserve, venait d'arriver avec ses troupes du Tennessee oriental, où sa présence était destinée à tromper l'ennemi; en outre, le jeune et bouillant général Sheridan commandait un corps de 10,000 cavaliers destinés à opérer sur les flancs de l'armée principale. Tous les chefs qui devaient seconder Grant dans sa marche directe sur Richmond avaient été spécialement désignés par lui; mais par malheur il n'avait pas joui de la même liberté pour choisir les commandans des deux armées qui avaient pour mission de tourner la capitale des confédérés et de couper ses voies de communication. Le général Siegel, l'un des anciens chefs de l'armée républicaine du pays de Bade en 1848, commandait, avant l'arrivée de Grant à l'armée du Potomac, les 25,000 hommes réunis à l'entrée de la vallée de la Shenandoah; bien qu'il ne possédât pas la confiance entière du général en chef, celui-ci n'aurait pu, sans un véritable danger politique, révoquer un homme adoré par toute la population allemande, qui donnait un si grand nombre de soldats à l'armée et d'électeurs au parti républicain. Des raisons de la même nature empêchèrent le général Grant de remplacer Butler par un homme de son choix dans le commandement des 35,000 soldats qui devaient opérer à l'est et au sud de Richmond par la péninsule et les bords de la rivière James. Il dut se contenter de placer à la direction des deux corps de cette armée du James le général Gillmore, revenu de Charleston, et W.-F. Smith, que les soldats appelaient le plus souvent *Baldy* (chauve) Smith pour le distinguer des autres chefs du même nom. Grant espérait, mais en vain, que l'entêté général Butler suivrait les conseils de subordonnés connus comme d'excellens hommes de guerre.

Le 4 mai, tous les préparatifs étaient terminés. Le général Grant donna l'ordre à l'armée du Potomac de se porter en avant le jour même où Siegel, Butler et Sherman quittaient aussi leurs quartiers d'hiver pour marcher à la rencontre de l'ennemi. La grande période héroïque de la guerre américaine allait commencer. A certains égards, la campagne de la Virginie est unique dans l'histoire de ces effroyables tueries d'hommes qu'on appelle des batailles. Ce n'est point que le sang y ait coulé à flots plus abondans que sur d'autres champs de carnage : les annales de l'humanité sont assez riches en histoires de massacres pour qu'on puisse facilement citer d'autres conflits où les combattans ont été moissonnés en plus grand nombre, où le bilan de chaque journée présentait un total plus effrayant encore que celui des batailles de Wilderness et de Spottsylvania. Si les terribles luttes de la Virginie se distinguent de toutes les autres qui ont jamais divisé les peuples, c'est d'abord par la grandeur des résultats politiques et sociaux qui dépendaient de la victoire, c'est aussi par les admirables qualités dont les combattans ont fait preuve de part et d'autre. A aucune époque antérieure on n'a vu des chefs, égaux par l'intelligence, la résolution, l'initiative, secondés par des soldats ayant plus de courage, de dévouement et d'indomptable ténacité. Telle était la volonté forte que les adversaires apportaient dans la lutte qu'il n'y avait jamais ni vainqueurs ni vaincus; pendant des semaines les armées restèrent aux prises sur un grand champ de bataille de vingt lieues de diamètre. Ce n'est pas tout : d'autres raisons encore font de cette campagne de Virginie la plus intéressante que puissent étudier les stratégistes modernes. Pour la première fois on a pu se rendre nettement compte de la révolution que les voies ferrées ont opérée dans la science de la guerre; en outre les rudes pionniers américains transformés en soldats ont montré l'importance que peuvent avoir pour la défensive des fortifications improvisées sur le champ de bataille. En Virginie chaque camp devenait aussitôt une citadelle, chaque attaque se compliquait d'un siége. Au milieu de ces bois, où des corps entiers se glissaient inaperçus jusqu'à une petite distance de l'armée qu'ils voulaient attaquer en face ou sur les flancs, il était absolument indispensable de se retrancher derrière des abatis d'arbres et des fosses à tirailleurs. Dans cet art les soldats unionistes, notamment ceux des états de l'ouest, étaient arrivés à une habileté consommée : grâce à la hache et à la pioche, ils savaient toujours se mettre à l'abri des surprises en un petit nombre d'heures.

En quittant ses quartiers d'hiver de Culpepper-Court-House, l'armée marcha au sud-est vers le Rapidan et franchit la rivière à quelques kilomètres en amont de son confluent avec le Rappahannock. Les corps de Warren et de Sedgwick prirent à droite par le gué de Germania, tandis que les troupes de Hancock, formant la gauche, traversèrent le Rapidan au gué d'Ely; derrière ce corps venait un convoi de 8,000 wagons contenant tous les approvisionnemens nécessaires à l'armée pendant sa marche à travers la Virginie. Dans la matinée du 5 mai, toutes les forces de Grant, à l'exception du corps de Burnside, se trouvaient au sud du Rapidan et traversaient rapidement les solitudes de Wilderness, fourré presque inextricable de pins et de chênes rabougris, où la cavalerie, où l'artillerie elle-même n'ont pas assez de place pour manœuvrer. La plupart des canons, encore inutiles pour leur œuvre de destruction, avaient été laissés en arrière avec le convoi des bagages. Il est probable que le général Grant désirait éviter toute rencontre sérieuse avec l'ennemi avant d'avoir gagné la position de Spottsylvania-Court-House, carrefour de plusieurs chemins situé au sud des bois de Wilderness; grâce à cette avance, il lui serait ensuite devenu très facile de saisir sur une grande partie de son parcours le chemin de fer du Potomac à Richmond par Fredericksburg. Grant espérait sans doute tromper son adversaire sur ses véritables intentions en feignant de vouloir tourner le camp solidement fortifié que les confédérés occupaient à quelques milles plus à l'ouest au-delà d'un ruisseau appelé le Mine-Run; mais Lee, bien renseigné par ses éclaireurs, ne tomba point dans le piége qui lui était tendu et se porta en toute hâte au travers de la ligne de marche suivie par l'armée du général Grant. Sans même attendre le corps de Longstreet, trop éloigné sur sa gauche, il lança contre les fédéraux les forces d'Ewell et de Hill par deux chemins qui traversent les fourrés de l'est à l'ouest, parallèlement au cours du Rappahannock, distant de 8 kilomètres en moyenne. L'armée du nord se forma aussitôt en ligne de bataille pour recevoir le choc. Le corps du général Sedgwick, appuyé sur la rivière qu'il venait de franchir, devint la droite; Hancock, déjà très avancé sur la route de Spottsylvania, revint sur ses pas pour occuper l'extrême gauche non loin de Chancellorsville, tandis qu'une partie des forces de Burnside, accourue des bords du Rappahannock, arrivait à temps pour remplir le large espace laissé libre entre le corps de Hancock et celui de Warren. La lutte commençait déjà; les confédérés venaient se heurter avec fureur contre les régimens de Hancock; ceux-ci soutinrent vaillamment l'assaut et repoussèrent avec succès les colonnes ennemies; mais ce n'était que le prélude du sanglant conflit de Wilderness, qui devait dépasser en horreur le carnage des champs de bataille voisins, Fredericksburg et Chancellorsville.

Le lendemain 6 mai, le général Lee garda l'offensive; employant le moyen qui lui avait déjà réussi plusieurs fois, il lança successivement ses forces par grandes masses sur différens points de l'armée opposée. Il attaque d'abord le centre, mais il ne peut le rompre; Longstreet, qui venait d'arriver sur le terrain, cherche à tourner la gauche fédérale pour l'assaillir en flanc par une manœuvre analogue à celles qui ont fait la gloire de « Stonewall » Jackson; mais il est blessé grièvement, le général Jenkins est tué à ses côtés, et les soldats découragés reculent sans avoir donné la charge. Il était déjà tard, et la nuit se faisait. Alors par un rapide mouvement d'attaque le général confédéré Gordon emporte les retranchemens qui couvraient l'extrême droite des unionistes, quelques régimens de Sedgwick faiblissent, deux brigades sont débordées et capturées en partie, la déroute commence, et des fuyards se précipitent sur les chemins qui mènent vers les gués du Rapidan. Bientôt cependant Sedgwick rallie ses hommes, des renforts arrivent au pas de course, de nouveaux retranchemens s'élèvent, puis l'obscurité croissante empêche les confédérés de poursuivre leurs avantages. Le général Grant, dont la droite était ainsi menacée, profita de la nuit pour menacer à son tour et de la même manière la droite des séparatistes en consolidant sa propre gauche par des forces considérables. Le lendemain matin, lorsque Lee s'aperçut que ses lignes de communication avec le sud étaient en danger, il abandonna toute idée d'offensive, et les deux armées, invaincues l'une et l'autre, attendirent vainement l'attaque. Près de 20,000 morts et blessés étaient tombés dans cette bataille indécise au milieu des broussailles de Wilderness. Le noble général Wadsworth, un des plus honorables et des plus respectés de l'Amérique, était parmi les victimes.

Dans la journée du 7, une forte division de cavalerie fédérale envoyée en reconnaissance vers Spottsylvania vint se heurter à moitié chemin contre celles des généraux du sud, Fitzhugh Lee et Stuart. Le violent combat qui s'ensuivit et qui dura pendant presque toute la journée prouva que Lee voulait s'assurer à tout prix la possession du point convoité et s'avançait lui-même dans la direction de Spottsylvania-Court-House. Il n'y avait point de temps à perdre. Grant donna l'ordre à toute l'armée de marcher en avant; mais par malheur l'immense convoi de bagages et d'approvisionnemens retarda les mouvemens, et c'est à l'aurore du jour suivant que l'avant-garde, formée par le corps de Warren, arriva en vue de Spottsylvania, distant de 13 kilomètres seulement du champ de bataille de

Wilderness. Lee, moins embarrassé par ses convois, avait devancé les fédéraux et s'occupait de fortifier rapidement sa position pour s'assurer l'avantage de la défensive. Warren attaque aussitôt pour déloger le corps de Longstreet, mais tous les assauts sont successivement repoussés, et la première ligne des retranchemens n'est emportée qu'à la tombée de la nuit. Ce combat, qui dans toute autre occasion eût mérité le nom de bataille, était le premier choc d'une immense lutte qui devait durer six jours et coucher sur le sol près de 40,000 hommes, la cinquième partie des deux armées.

La matinée du lendemain 9 mai fut employée en préparatifs de part et d'autre. Les troupes de Lee, qui tenaient le village de Spottsylvania et les routes convergentes, étaient disposées sur les hauteurs en un long triangle, semblable à celui des forces de Meade sur les coteaux de Gettysburg. Tout autour les unionistes se développaient sur une vaste étendue en forme de fer à cheval : Hancock était à la droite; Warren, sur la convexité de l'hémicycle, menaçait le centre des confédérés; Wright, successeur du vaillant Sedgwick qu'avait frappé une balle perdue le matin même, venait plus à l'est; Burnside occupait l'extrême gauche. L'artillerie fédérale, massée principalement devant le corps de Warren, commença l'attaque par une furieuse canonnade et balaya d'ennemis tout le terrain qui s'étendait à l'ouest. Aidé par ce feu terrible, Hancock réussit à franchir le ruisseau du Po et menaça le flanc gauche du général Lee; mais, cessant d'être soutenu sur la gauche parce que Warren lui-même avait à repousser une violente sortie des confédérés, il eut grand'peine à maintenir la position conquise et à ne pas se laisser couper du reste de l'armée; dès la matinée suivante, il se hâta même de reculer prudemment et retira ses troupes en-deçà du Po. Après avoir fait annoncer aux soldats, afin d'enflammer leur courage, la nouvelle des succès que Butler et Sherman venaient de remporter, l'un dans la péninsule de Richmond et l'autre en Georgie, Grant se prépare à donner l'assaut contre les hauteurs, mais il est encore devancé par le général Lee qui lance au pas de course une grande partie de ses forces contre les régimens de Hancock, puis contre ceux de Warren. Les deux corps, qui la veille avaient porté tout le poids de la bataille, reçoivent le choc sans reculer, puis à leur tour ils prennent l'offensive et gravissent la pente des hauteurs. Une bataille non moins terrible que celle de Wilderness éclate sur toute la ligne. En certains endroits les herbes et les broussailles, desséchées par les chaleurs, sont allumées par les bombes et les cartouches. La forêt brûle; bientôt une partie du champ de bataille devient un grand brasier; les morts et les blessés sont calcinés sur le sol brûlant, et néanmoins les deux armées continuent de lutter au milieu des flammes et de la fumée. Bien avant dans la nuit, lorsque la lassitude mit fin à la tuerie, la gauche des fédéraux restait maîtresse de la première ligne des fortifications et d'une grande partie du champ de bataille; toutefois Lee tenait encore dans Spottsylvania. Les deux adversaires avaient au service de leurs plans la même volonté, la même persévérance inflexible. En envoyant au secrétaire de la guerre la relation de la bataille, le général Grant ajoutait simplement : « Je combattrai sur cette route tout l'été, s'il le faut. »

Le lendemain 11, on se borna de part et d'autre à de légères escarmouches; mais pendant la nuit le corps de Hancock fut secrètement transféré à la gauche, à côté de Burnside et de Wright; le soleil se levait à peine pour éclairer une nouvelle scène de carnage que trois brigades confédérées, dont l'une était la célèbre brigade de « Stonewall, » étaient entourées sans bruit et capturées presque en entier avec leurs généraux et leur artillerie. Aussitôt tout le corps d'Ewell et bientôt après la plus grande partie des forces de Lee se précipitent vers le point menacé; un terrible combat à la baïonnette s'engage au milieu de la forêt de sapins; mais l'élan des hommes du sud se brisa contre la solidité des unionistes, et ceux-ci gardèrent la partie conquise du plateau. Il devenait évident que le général Lee évacuerait bientôt cette formidable position de Spottsylvania qu'il avait si héroïquement défendue; dès lors chacune de ses manœuvres n'eut d'autre but que de tromper les fédéraux et de leur faire croire qu'il voulait se maintenir à tout prix dans ses retranchemens, tandis que de son côté le général Grant, en prévision de la prochaine évacuation de la ligne du Po par son adversaire, s'occupait d'étendre graduellement sa gauche vers le sud-est afin de lui faire saisir le chemin de fer près de la ville de Bowling-Green et de prévenir Lee dans sa retraite sur Richmond. Déjà les communications des troupes confédérées avec Richmond avaient été partiellement interrompues. La cavalerie de Sheridan, décrivant un long circuit autour de l'armée de Lee, avait arraché les rails, détruit les locomotives et les chars, brûlé les ponts et les magasins d'approvisionnemens sur divers points des chemins de fer qui rayonnent de Richmond vers le nord et le nord-ouest. Après avoir défait la cavalerie du général Stuart, qui périt lui-même dans la mêlée, Sheridan avait ensuite pénétré jusque dans les fortifications extérieures de la capitale des confédérés; puis, traversant le Chickahominy, il était allé rejoindre l'armée fédérale de Butler sur les bords de la rivière James. Pour n'avoir plus à craindre d'autres incursions du même genre, le général Lee devait nécessairement se rapprocher de Richmond et le couvrir avec son armée.

Une attaque violente des forces d'Ewell contre la gauche fédérale servit à masquer la retraite des troupes du sud. Aussitôt après avoir repoussé l'ennemi, Grant s'empressa de commencer sa troisième étape vers Richmond en faisant saisir à l'est et au sud-est les diverses stations du chemin de fer qui se trouvent dans la vallée du Mattapony. Il s'assurait ainsi sur les derrières d'excellentes lignes de communication avec le Potomac et le bas Rappahannock pour le transport de ses approvisionnemens et de ses blessés, et s'emparait en même temps d'une avenue par laquelle il pouvait se rapprocher de Richmond d'environ 40 kilomètres. Toutefois Lee eut encore cette fois sur son adversaire l'avantage capital que donne la rapidité des mouvemens. Tandis que le général Grant s'avançait avec précaution à travers le pays ennemi et faisait décrire à son armée un long mouvement semi-circulaire autour des forces de Lee, celles-ci se dirigeaient en droite ligne vers une position bien choisie d'où elles pouvaient barrer la route aux fédéraux. A moins de 40 kilomètres de Richmond se croisent les deux chemins de fer de Fredericksburg et de Gordonsville; au nord et à l'est de ce carrefour de voies ferrées, connu sous le nom de Sexton's-Junction, coule la rivière North-Anna, qui se réunit à une faible distance en aval avec les eaux de la South-Anna pour former le fleuve Pamunkey. Un infranchissable marécage protége en outre sur la droite cette position déjà si bien défendue par un demi-cercle de rivières. C'est là que Lee s'établit pour couvrir Richmond et les deux chemins de fer nécessaires à l'approvisionnement de ses troupes. Dans cette forteresse naturelle, il était sûr de pouvoir braver longtemps tous les efforts des hommes du nord, bien qu'il eût perdu une grande partie de son armée dans les batailles précédentes et que son prestige auprès de ses propres soldats eût été considérablement ébranlé par deux retraites successives. D'ailleurs les nouvelles que le général Lee avait reçues de la vallée de la Shenandoah et des bords de la rivière James étaient de nature à l'encourager à une résistance désespérée : sur ces deux points si importans du grand échiquier stratégique de la Virginie, les deux armées qui devaient coopérer avec Grant à la réduction de Richmond avaient été repoussées; victorieuses, elles eussent forcé le général Lee à une retraite précipitée; vaincues, elles lui permettaient de tenir tête à son tenace adversaire.

Le général Siegel, chargé de s'emparer des voies de communication de la Shenandoah, à l'ouest de Richmond, s'était avancé jusqu'à New-Market, à 150 kilomètres dans l'intérieur de la vallée, en poussant devant lui les détachemens de cavalerie qui voulaient lui barrer le passage; mais, pour assurer le service de ses convois dans cette étroite et longue avenue, il avait été obligé de laisser des garnisons derrière lui dans un grand nombre de villages, et le gros de l'armée était très affaibli. Le 14 mai, l'avant-garde vint se heurter entre la ville de New-Market et le cours de la Shenandoah contre les forces de Breckenridge solidement postées sur une chaîne de monticules. Le lendemain, le combat s'engagea, tous les régimens dont pouvait disposer Siegel arrivèrent à marches forcées pour prendre part à la lutte, mais ils furent successivement repoussés et laissèrent une grande partie de leur artillerie entre les mains de l'ennemi. Vivement poursuivi, Siegel dut battre en retraite jusqu'à Winchester, non loin de la ville de Harper's-Ferry, qui garde l'embouchure de la Shenandoah, et le 21 mai il faisait ses adieux à ses troupes pour céder le commandement au général Hunter. L'événement ne donnait que trop raison aux appréhensions qu'avait eues le commandant en chef de l'armée; malheureusement le nouvel élu ne se trouva pas plus que son prédécesseur à la hauteur de la situation.

Butler fut beaucoup plus heureux dans son entreprise que Siegel ne l'avait été dans la sienne, cependant il ne put remplir qu'en partie le programme qui lui avait été confié. Tout d'abord ses opérations furent couronnées du plus grand succès. Depuis quelque temps déjà, il travaillait avec acharnement à des préparatifs de campagne, dirigés en apparence contre les avenues de Richmond qui aboutissent à York-River. Il entreprit divers travaux, tels que jetées et bassins, sur les bords de ce fleuve, accumula des approvisionnemens, puis occupa la ville de West-Point, qui avait servi de point de départ à Mac-Clellan dans sa campagne de 1862. Trompés par ces manœuvres, les confédérés surveillaient principalement le chemin de fer de Richmond à West-Point et semaient le fleuve de machines infernales. Soudain Butler disparaît de York-Town avec son armée. Profitant de cette même nuit pendant laquelle le général Grant franchissait le Rapidan, il embarque ses soldats sur des transports, double la péninsule de York-Town et la forteresse Monroe, entre dans la rivière James dont les bords sont presque entièrement dégarnis de garnisons rebelles, s'empare successivement de tous les forts, puis de la ville de City-Point, et, sans avoir perdu un seul homme, se loge à Bermuda-Hundred, village situé à vingt-cinq kilomètres au sud-est de Richmond sur la langue de terre que baignent les eaux réunies du James et de son affluent l'Appomatox : à l'insu de l'ennemi, il avait ainsi déplacé de plus de 100 kilomètres sa base d'opérations. Dans la presqu'île de Bermuda, protégée sur trois faces par de larges nappes d'eau et par les navires cuirassés de la flotte fédérale, le général Butler était toujours assuré de pouvoir se défendre facilement, comme dans une place d'armes, contre une armée bien supérieure en nombre; en outre, il menaçait du même coup Richmond au nord, Petersburg au sud, et forçait le gouvernement esclavagiste à y maintenir de fortes garnisons.

Au point de vue stratégique, les deux villes sont à peu près d'une égale importance et se complètent mutuellement. Chacune est située sur un fleuve navigable qui va se déverser dans l'estuaire commun de la rivière James; chacune est le centre de quatre chemins de fer disposés d'une manière presque symétrique. Une voie ferrée de quarante kilomètres de longueur unit directement Richmond à Petersburg et sert de tête de ligne commune à ce double réseau. La possession de ce chemin était donc d'une importance capitale pour les belligérans, et si les fédéraux avaient pu s'en emparer et le garder d'une manière définitive, l'armée du général Lee était par cela même plus gravement atteinte que si elle eût subi une sanglante défaite. Butler ne l'ignorait point : à peine débarqué, il s'empressa de couper sur divers points ce chemin de fer qui n'était pas sérieusement défendu. En même temps le général de cavalerie Kautz, qui avait pris terre sur la rive méridionale du James, se dirigeait rapidement vers la voie ferrée de Petersburg à Weldon pour y détruire en courant quelques stations et les ponts importans du Meherin et du Nottoway; puis, à peine revenu au camp de Butler, il repartait aussitôt pour décrire tout autour de la place de Petersburg un vaste circuit en arrachant les rails et en démolissant les constructions des chemins de fer. Toutefois ces dégâts furent promptement réparés, et pendant ce temps l'armée de Beauregard, venue en grande partie de Charleston, se massait à Petersburg et au fort Darling en face des troupes de Butler. Celui-ci aurait dû sans doute appliquer tous ses efforts à se loger solidement sur le chemin de fer de jonction et à prévenir ainsi la coopération facile des armées de Beauregard et de Lee; mais il perdit une partie de son temps à faire d'inutiles démonstrations contre les ouvrages de Drury's-Bluff ou fort Darling, citadelle formidable située à 12 kilomètres au sud de Richmond sur une haute falaise de la rivière James. Le 16 mai, dans la matinée, les forces de Beauregard, protégées par un brouillard épais, tombèrent à l'improviste sur la droite de l'armée fédérale, firent plusieurs milliers de prisonniers et s'emparèrent de la ferme de Howlett, position très importante qui commandait une grande partie du terrain conquis précédemment par les unionistes. Désormais le général Butler était condamné à rester sur la défensive. Tandis qu'il transformait la péninsule de Bermuda-Hundred en citadelle imprenable et barrait le cours de la rivière James par une digue de pilotis, afin d'empêcher les confédérés de lancer leurs navires cuirassés sur sa flotte de transports, Beauregard, de son côté, réparait le chemin de fer de Richmond à Petersburg, et réunissait les deux places de guerre par une série de redoutables ouvrages de défense.

Ces nouvelles étaient de nature à faire hésiter Grant dans l'exécution de ses plans d'attaque. Ses troupes d'avant-garde avaient franchi, dès le 24, la rivière North-Anna, et campaient en vue de Sexton's-Jonction que l'armée de Lee occupait en force. Toutefois le général Grant, comprenant qu'il lui serait impossible de s'acharner contre cette position formidable et craignant d'être assailli lui-même par son adversaire sur un terrain trop défavorable, résolut de continuer sa marche sans essayer, comme à Spottsylvania, de déloger les confédérés par une grande bataille. Retirant successivement et avec la plus grande prudence les corps d'armée qui se trouvaient aventurés au-delà du North-Anna, il leur fit repasser la rivière, puis descendit le cours du Pamunkey pour le franchir à près de 40 kilomètres plus bas, près de la ville de Hanover-Town. Par ce mouvement oblique, que les soldats comparaient pittoresquement à la marche de l'écrevisse, le général Grant diminuait de plus de moitié la distance qui le séparait de Richmond; mais les confédérés n'avaient eu qu'à faire un léger changement de front pour se trouver de nouveau en face de l'armée de l'Union et protéger encore leur capitale. Trop affaibli pour ne pas se borner à une attitude purement défensive, Lee n'avait pas osé gêner les forces de Grant dans la marche de flanc qu'elles avaient dû accomplir pour traverser le Pamunkey.

Le 30 mai, le corps de Warren arrivait à 12 kilomètres au nord-est de Richmond et refoulait les avant-postes des confédérés au-delà du Chickahominy. Le jour suivant, toute l'armée de Grant était campée dans les clairières des bois de pins qui remplissent ce district de la péninsule. La gauche fédérale occupait exactement l'endroit sur lequel s'était établie la droite de l'armée de Mac-Clellan pendant la campagne de 1862; les retranchemens abandonnés à cette époque servirent aux nouveau-venus, et le chemin de fer de York-River devint encore une fois la grande ligne d'approvisionnemens des unionistes. On eût dit que dans cette partie du théâtre de la guerre rien n'avait changé depuis deux années; cependant un progrès immense avait été accompli. Pour la première fois depuis le commencement de la guerre, les fédéraux, dont chaque tentative contre Richmond avait été invariablement suivie d'un désastre, avaient traversé de bataille en bataille le sol sacré de la Virginie et s'étaient montrés les égaux en vaillance et en solidité aux redoutables soldats de Lee. Bien plus, par cette terrible campagne, le général Grant avait tellement épuisé les ressources de la confédération en hommes et en argent, que toute agression sérieuse des séparatistes contre la Pensylvanie et le Maryland était devenue impossible. Les fédéraux pouvaient désormais, sans crainte du résultat final, laisser le chemin de Washington ouvert à leurs ennemis.

Un combat important qui eut lieu le 1er juin se termina par la victoire complète des unionistes. Le corps de « Baldy » Smith, détaché quelques jours auparavant de l'armée de Butler, débarqua sur les bords du Pamunkey, et, se réunissant au corps de Wright, marcha droit à la rencontre des confédérés qui, sous les ordres de Beauregard, s'étaient postés derrière de solides retranchemens à Coal-Harbour (1), centre de tout le réseau des chemins tracés au sud du Pamunkey. L'assaut fut rapide et décisif; les forces du sud durent abandonner la position après avoir perdu un grand nombre d'hommes, et se replièrent en désordre sur la ligne de fortifications qui défendait au nord la vallée du Chickahominy. Cette ligne s'étendait parallèlement au ruisseau sur une longueur d'environ 15 kilomètres, et coupait toutes les routes qui rayonnent autour de Richmond, au nord-est et à l'est. Pour forcer le passage du Chickahominy, il fallait donc tenter la terrible épreuve de l'assaut contre des redoutes et des bastions. Grant, dont l'armée venait d'être grossie par des renforts expédiés de Washington et par l'arrivée du corps entier de « Baldy » Smith, crut que la supériorité de ses forces pourrait lui assurer la victoire dans cette occasion décisive; mais l'armée de Lee était également renforcée, grâce à la retraite de Siegel qui avait permis au corps de Breckenridge d'accourir à l'appel du général en chef. L'attaque commença dans la matinée du 3 juin. Les troupes venues de la Shenandoah, qui prenaient part pour la première fois aux sanglantes luttes de cette campagne, cédèrent devant l'impétuosité des soldats de Hancock et s'enfuirent des retranchemens qu'elles étaient chargées de défendre à la droite des lignes confédérées; mais sur tous les autres points la bravoure des unionistes fut inutile : en vain ils tentèrent d'escalader les remparts; les boulets et les balles renversaient les hommes par monceaux, et Grant dut s'empresser de mettre un terme au carnage en rappelant les assaillans. Cette tentative infructueuse avait coûté à l'armée fédérale près de 3,000 soldats morts et blessés.

Aussitôt la bataille se transforma en siége. Les unionistes prirent

(1) *Coal-Harbour* (port à charbon), ou *Cold-Harbour* (port froid). Aucune de ces dénominations n'a de sens, puisque le village est situé dans l'intérieur des terres. Il est probable que le nom primitif de la localité était *Cool-Arbour* (frais ombrage); mais on oublie vite en Amérique.

la pioche et la pelle, instrumens qu'ils savaient manier aussi bien que le fusil, et des ouvrages de défense aussi forts que ceux des confédérés s'élevèrent comme par enchantement devant tous les corps de l'armée du nord. Chaque jour c'étaient de nouvelles escarmouches entre les tirailleurs; mais de part et d'autre les retranchemens empêchaient que les combats eussent des résultats sérieux. En certains endroits, les deux camps fortifiés étaient tellement rapprochés l'un de l'autre que les hommes entraient en conversation, échangeaient des journaux et des objets de toute espèce, puis à un signal convenu se mettaient à l'abri pour éviter les balles. Peut-être le général Grant avait-il simplement l'intention de masquer ses manœuvres afin de se dérober de nouveau à son adversaire par un mouvement oblique et de franchir sans obstacle la rivière James; peut-être aussi voulait-il attendre, avant de prendre un parti définitif, le résultat des opérations entreprises par ses lieutenans contre Petersburg et sur les bords de la Shenandoah. Dans la haute vallée de cette rivière, l'absence du corps de Breckenridge avait eu de fâcheux résultats pour la cause des confédérés. Hunter, le successeur de Siegel, avait rapidement chassé devant lui les faibles troupes qui cherchaient à lui barrer le passage. Le 5 juin, après avoir complétement battu le corps du général Jones, qui voulait couvrir la ville de Staunton, il s'était emparé de cette place et d'une quantité considérable d'approvisionnemens destinés à l'armée de Lee. Quant au général Butler, il n'avait pas attaqué les redoutes de Petersburg avec plus de succès que celles du fort Darling. Le 9 juin, une partie de ses troupes avait attaqué vigoureusement les ouvrages avancés qui bordent la rivière Appomatox, et dès le commencement de l'action avait obtenu des avantages signalés; mais, le corps de Gillmore n'étant pas arrivé à temps pour soutenir les assaillans, ceux-ci avaient dû battre en retraite sans garder le terrain conquis. Cet assaut fut le prélude du siége qu'une armée variant de 100 à 150,000 hommes devait établir autour de Petersburg. En s'adressant aux soldats et aux miliciens rassemblés en armes pour défendre la « cité de la cocarde » (*cockade-city*), le général Wise s'était écrié : « Petersburg doit être et sera défendu sur ses fortifications, dans ses lignes intérieures, aux limites de la municipalité, dans chaque rue, autour de chaque temple de Dieu et de chaque autel de la famille. » C'est qu'en effet Petersburg était la clé même de Richmond et le boulevard de toute la confédération.

Le 12 juin, Grant évacuait la position de Coal-Harbour pour transférer presque toute son armée sur la rive méridionale du fleuve James. L'alternative qu'il avait prévue en ordonnant au général Butler d'occuper City-Point s'était réalisée; n'ayant pu briser les forces de Lee ni les renfermer dans Richmond, il était maintenant obligé de tourner au midi la capitale des états rebelles en attaquant Petersburg et en l'isolant peu à peu du reste de la confédération par un long investissement. Grant accomplit sa nouvelle marche de flanc avec le même succès que toutes les précédentes. Fidèle au précepte qu'il « faut parfois faire un pont d'or à son ennemi, » Lee se garda bien d'inquiéter les fédéraux à leur passage à travers ces bois et ces marécages du Bas-Chickahominy où Mac-Clellan avait, deux années auparavant, perdu tant de milliers de combattans. Les quatre corps de l'armée du Potomac marchèrent directement vers le James où des vapeurs les attendaient pour les transporter sur la rive opposée; les troupes de « Baldy » Smith s'embarquèrent sur le York-River pour être immédiatement transportées aux bords de l'Appomatox. Dès le lendemain de leur arrivée, elles attaquaient la partie des retranchemens extérieurs construits au nord-est de la place, et les emportaient après un sanglant combat.

Les jours suivans, ce furent de nouveaux assauts, tantôt partiels, tantôt livrés contre un certain nombre de redoutes à la fois par les différens corps fédéraux; mais chacune de ces attaques fut successivement repoussée, et Grant dut recommencer devant la cité virginienne l'œuvre patiente qu'il avait jadis entreprise et menée à bonne fin devant Vicksburg. Cette fois, ce n'était pas un Pemberton qui défendait la place, c'était l'habile général Lee et le célèbre Beauregard, dont la réputation comme ingénieur militaire est peut-être exagérée, mais qui n'en a pas moins fait preuve d'un grand talent comme défenseur de Charleston. La ville de Petersburg est située sur la rive droite de l'Appomatox à l'endroit où ce fleuve, qui coule en amont dans la direction de l'ouest à l'est, se recourbe vers le nord pour aller rejoindre le James-River. Les fortifications qui entouraient la place de ce côté comprenaient donc les trois quarts d'une circonférence, et dans leur vaste développement n'offraient pas une longueur de moins de 18 kilomètres. A cet ensemble d'ouvrages qui continuait au sud l'interminable série des retranchemens de la péninsule, du fort Darling, de Richmond, Beauregard et ses lieutenans ne cessaient d'ajouter d'autres travaux de défense, soit aux abords des chemins de fer et des autres voies de communication, soit à l'extérieur de l'enceinte continue; partout les remparts s'élevaient derrière les remparts, afin que toute attaque des fédéraux, même couronnée de succès, fût invariablement arrêtée par quelque obstacle et n'entraînât jamais par surprise la chute de la place. Tel était le formidable cercle de travaux que le général Grant devait de son côté envelopper d'une ligne de tranchées, de remparts et de forts bien plus considérable en étendue. Avant d'atteindre ce résultat et de pouvoir isoler ainsi Petersburg et Richmond pour en faire une espèce d'enclave dans les états du nord, que d'immenses travaux ne restait-il pas encore à mener à bonne fin! Il s'agissait d'abord d'étendre graduellement l'armée du côté du sud à travers des bois inexplorés sans laisser pénétrer l'ennemi sur aucun point du cordon de troupes incessamment aminci, puis il fallait compléter à l'ouest les travaux d'investissement en perçant l'un après l'autre les deux chemins de fer bardés de redoutes qui reliaient Petersburg à Wilmington et aux Carolines. Ce grand labeur était, comme celui de tous les siéges, compliqué de combats acharnés et sans cesse renaissans, qui se terminaient tantôt à l'avantage des fédéraux, tantôt à celui des hommes du sud. De même, les détachemens de cavalerie que le général Grant envoyait tantôt sur un point, tantôt sur un autre, pour intercepter les approvisionnemens de l'ennemi et couper ses chemins de fer, opéraient suivant les circonstances avec les succès les plus divers; les uns revenaient au camp sans avoir perdu un seul homme, les autres, surpris par des embuscades, étaient dispersés ou faits prisonniers. Toutes ces expéditions secondaires, entreprises pendant la durée de l'investissement, présentent une histoire trop uniforme pour qu'il vaille la peine de les raconter en détail. La plus importante, celle des généraux Kautz et Wilson, s'avança jusqu'au chemin de fer de Richmond à Danville, détruisit un grand nombre de ponts et dispersa les rails sur une longueur de plus de 100 kilomètres.

Le général Lee essaya vainement de faire lâcher prise à son adversaire par des assauts directs; tous ces assauts furent repoussés facilement, grâce à la solidité des troupes de Grant et au soin qu'il avait apporté dans la construction de ses retranchemens. Alors on imagina de faire peur au gouvernement de Washington et à toutes les populations du nord en organisant un semblant d'invasion dans les états loyaux. Précisément les vicissitudes de la guerre rendaient alors cette démonstration facile. Le 18 juin, le corps de Hunter, chargé d'opérer dans la vallée de la Shenandoah, avait été repoussé devant Lynchburg par les troupes que le général Lee venait d'expédier en hâte au secours de cette place importante. Hunter, poursuivi à outrance au milieu d'un pays où les populations lui étaient hostiles, aurait pu manquer complétement de vivres dans sa retraite s'il était revenu vers le nord en suivant le cours de la Shenandoah et en couvrant ainsi la frontière du Maryland; il préféra se jeter à gauche dans les montagnes et chercher promptement un refuge dans les riches vallées de la Virginie occidentale. Le chemin du Potomac et de Washington était ainsi ouvert aux troupes confédérées qui se trouvaient sous les ordres d'Early et de Breckenridge, et sans hésiter celles-ci profitèrent aussitôt de cette issue pour aller faire une excursion de pillage dans le Maryland et venger ainsi la désolation que les fédéraux avaient laissée derrière eux en certaines parties de la vallée de la Shenandoah. Dès le commencement de juillet, des nuées de cavaliers firent leur apparition dans la vallée du Potomac, aux environs de Martinsburg et de Harper's-Ferry, et parcoururent les campagnes en saccageant les fermes, en s'appropriant les chevaux et le bétail. Bientôt après le gros de l'armée, évalué à 15 ou 20,000 hommes, se présenta aux gués du Potomac et força les garnisons fédérales à lui laisser le passage libre. Le général Siegel, trop faible pour défendre Harper's-Ferry, se retrancha sur les hauteurs de la rive opposée, et du haut de cet observatoire il vit passer à ses pieds le flot des ennemis allant dévaster le Maryland. La terreur fut d'autant plus grande dans les cités menacées et jusque dans Baltimore et Philadelphie que l'invasion n'avait été nullement prévue et que tous les yeux étaient tournés vers les retranchemens lointains de Petersburg et vers les champs de bataille de la Georgie, bien plus éloignés encore. La panique s'accroissait de jour en jour. Les fermiers, poussant devant eux leurs troupeaux et portant leurs objets les plus précieux, couvraient toutes les routes qui se dirigent vers le nord. Des milliers de nègres, hommes et femmes, enfans et vieillards, les uns à pied, les autres entassés sur des charrettes disloquées, s'enfuyaient éperdus vers la frontière de la Pensylvanie, de peur d'être capturés de nouveau par les esclavagistes et d'être vendus sur les marchés du sud. Les nouvelles apportées par les fuyards des bords du Potomac allaient grossissant de bouche en bouche et portaient la terreur dans l'âme des plus fermes. A en croire les rumeurs, chaque bande était une armée, le général Lee lui-même était arrivé à la tête de ses vétérans pour reprendre sa campagne de l'année dernière, mais cette fois contre un pays sans défense; en additionnant tous les détachemens ennemis qui d'après le bruit public étaient censés parcourir et dévaster les diverses régions du Haut-Maryland, un journal de Chambersburg arrivait à l'effrayant total de 300,000 hommes. Sous l'influence de cette honteuse panique, qui d'ailleurs était avidement exploitée par les sécessionistes du nord et par tous les baissiers de la Bourse, l'*agio* de l'or s'éleva par bonds jusqu'à 185 pour 100 au-dessus du pair, c'est-à-dire au taux le plus considérable qu'il ait atteint durant toute la guerre. Jamais le crédit financier de la république n'avait été plus fortement ébranlé.

Cependant l'armée d'Early et de Breckenridge continuait sa marche dévastatrice. Le 7 juillet, le général Wallace, qui venait de réunir à la hâte les garnisons des villes évacuées, essaya vainement de défendre le passage de la rivière Monocacy, mais il n'avait que 7,000 hommes contre une force au moins deux fois supérieure en nombre; après un combat de plusieurs heures dans lequel il perdit environ 700 hommes, tués, blessés et prisonniers, il dut battre en retraite sur Baltimore et découvrir ainsi le chemin de Washington. Les confédérés se précipitèrent par l'issue qui leur était ouverte, et tandis que la plupart d'entre eux s'emparaient des gués du Potomac pour faciliter leur retraite prochaine, quelques milliers d'hommes allaient parader aux abords de Washington et faire une démonstration contre l'un des ouvrages extérieurs appelé fort Stevens. Pendant trente-six heures on ne reçut dans les villes du nord aucune nouvelle de la capitale, et la rumeur publique annonçait déjà que le drapeau des rebelles flottait sur le palais du congrès. Lorsque le télégraphe électrique eut été rétabli et que les convois eurent repris leur service entre Baltimore et Washington, on apprit que les confédérés avaient disparu du district de Colombie après une légère escarmouche devant le fort Stevens, et s'en retournaient vers Lynchburg en emportant leur riche butin. Ainsi se termina cette expédition, qui, sans avoir obtenu aucun résultat stratégique, avait néanmoins infligé à certaines populations du nord l'humiliation que laisse toujours après elle une panique insensée. Quelques jours après, un détachement de 200 ou 300 confédérés, qui étaient restés dans le voisinage du Haut-Potomac, éludèrent la surveillance des unionistes, et, pénétrant jusqu'en Pensylvanie, allèrent brûler la petite ville de Chambersburg.

Toutefois l'impassible Grant ne s'était pas laissé détourner de son but par cette expédition de pillage, et resserrait toujours son étreinte autour de Petersburg. Le 26 juillet, il envoyait Hancock et Sheridan sur la rive septentrionale du James, et ceux-ci, emportant d'assaut l'un des ouvrages avancés qui bordaient les falaises du fleuve, réussissaient à détourner l'attention de l'ennemi vers les abords immédiats de Richmond. C'est là ce qu'attendait le général Grant pour tenter un nouvel assaut contre la forteresse assiégée. Le 30 au matin, toute son armée, y compris le corps de Hancock, revenu pendant la nuit, était en ordre de bataille dans les tranchées attendant le signal. Tout à coup une mine, chargée de quatre tonnes de poudre, éclate sous un fort situé près du cimetière de Petersburg, à près d'un kilomètre et demi au nord-est de la place. Une explosion terrible eut lieu, et le fort avec ses 400 défenseurs fut transformé en un hideux amas de débris. Les colonnes d'assaut s'emparèrent aussitôt de ces mines fumantes, tandis que les défenseurs des forts voisins s'enfuyaient en toute hâte de peur de partager le sort de leurs camarades; mais bientôt ils revinrent de leur terreur soudaine. Les hauteurs environnantes se garnirent de troupes et toutes leurs batteries tonnèrent à la fois en prenant les fédéraux en enfilade. D'autres colonnes s'élancèrent, mais trop tard, à l'attaque de ces hauteurs, elles furent successivement repoussées et laissèrent les pentes couvertes de leurs morts. A leur tour, des régimens noirs du corps de Burnside montèrent à l'assaut; mais ils ne purent tenir contre le feu terrible de la place et s'enfuirent en désordre. Une dépêche officielle annonça que ce déplorable insuccès avait coûté à l'armée fédérale 5,640 hommes, morts, blessés ou prisonniers. Il paraît incontestable que le résultat de l'explosion eût été tout différent, si quelques chefs avaient mieux pris leurs dispositions et fait preuve de plus de présence d'esprit et de plus de courage au moment critique. Bientôt après ce désastre, le général Burnside dut faire ses adieux à l'armée du Potomac.

Heureusement le moral de l'armée ne souffrit que temporairement de cet échec, et deux semaines après la journée fatale était glorieusement réparée. Par une feinte heureuse qui permit à l'armée fédérale de faire de nouveaux progrès sur la rive septentrionale du James et de pousser sa ligne de fortifications jusqu'à 13 kilomètres à l'est de Richmond, Grant réussit encore une fois à détourner de ce côté l'attention de l'ennemi, et soudain recommença contre le chemin de fer de Petersburg à Weldon et Wilmington la tentative qui n'avait pas réussi la première fois. Le 18 août, le corps de Warren, sortant de ses retranchemens, s'élança tout seul à travers les bois de pins qui s'étendent au sud de Petersburg, avec la mission de s'emparer de la voie ferrée et de s'y maintenir à tout hasard en attendant que d'autres corps vinssent à son secours pour l'aider à repousser l'ennemi et rétablir ses lignes de communication avec City-Point. Les soldats de Warren accomplirent héroïquement leur mission hasardeuse. Le lendemain, les confédérés revinrent en force avant que les unionistes eussent pu retourner contre eux les ouvrages de défense du chemin de fer, et semer de nouveaux obstacles les abords de la voie. Néanmoins les hommes du sud furent repoussés, et vers le soir seulement une manœuvre heureuse les introduisit au milieu d'une division fédérale et leur livra près de 2,000 prisonniers. Le 23, les confédérés revinrent à la charge, mais déjà leurs adversaires, puissamment renforcés par les autres corps de l'armée fédérale, étaient abrités par une série de fortifications régulières. C'était maintenant au tour des soldats de Lee de s'élancer au pas de course contre des forts et de braver la terrible épreuve du feu convergent de plusieurs milliers d'hommes. Les chefs de l'armée du sud, comprenant que le salut de Petersburg, de Richmond et peut-être de la confédération elle-même dépendait de la conquête du chemin de fer de Weldon, avaient donné l'ordre de vaincre à tout prix; mais cet ordre ne put être obéi et ne réussit qu'à faire entasser des milliers de victimes devant la position convoitée. Dix généraux restaient au-dessous des remparts parmi les morts et les blessés. Le 25, une nouvelle bataille, à peine moins sanglante, fut livrée, non plus contre le corps de Warren, dont les lignes étaient devenues imprenables, mais contre les troupes de Hancock, occupées à quelques kilomètres plus au sud à détruire systématiquement le chemin de fer de Weldon. Les fédéraux, protégés par des lignes parallèles d'abatis, reculant pas à pas devant l'élan désespéré des assaillans, se défendirent avec succès pendant un jour contre des charges répétées, et pendant la nuit les confédérés se retirèrent du champ de bataille où 5,000 de leurs camarades étaient couchés dans le sang. Dès lors le général Lee ne fit plus aucune tentative pour reprendre cette voie ferrée qui était pourtant, au point de vue stratégique, une artère vitale de l'empire esclavagiste et sur laquelle dix à quinze trains chargés d'approvisionnemens et de munitions circulaient tous les jours : la disette se fit aussitôt sentir dans les places menacées dont le siége venait enfin de commencer sérieusement. Le général Grant ne perdit pas de temps pour rattacher la position conquise à sa ligne semi-circulaire de fortifications; il prolongea la ceinture de redoutes jusqu'au campement de Warren, et fit servir les rails enlevés au chemin de fer de Weldon à la construction d'une voie ferrée de 18 kilomètres, reliant aux quais de City-Point les quartiers-généraux des divers corps de l'armée. Ce chemin fut tracé, construit et inauguré dans l'espace de onze jours.

De pareils succès, joints aux nouvelles de victoires qui arrivaient de la Georgie et des bords du golfe du Mexique, étaient de nature à ranimer l'espoir de ceux des unionistes que les hécatombes effrayantes et toujours renouvelées de la Virginie avaient découragés. Lorsque Grant franchit le Rapidan à la tête de sa magnifique armée de 120,000 hommes, la confiance était absolue : on croyait qu'il suffirait d'une seule bataille du triomphateur de Vicksburg et de Chattanooga pour écraser les forces de Lee, et que bientôt après il entrerait en maître à Richmond; mais lorsqu'on le vit s'avancer péniblement de bataille indécise en bataille indécise jusqu'aux marais du Chickahominy, puis s'acharner inutilement pendant des mois contre les murs d'une place qu'il n'avait pas même entièrement investie; lorsque, à la veille d'une élection présidentielle, au milieu d'une crise financière des plus graves, on vit tous ces fleuves de sang répandus de part et d'autre sans que la fin de la guerre fût encore entrevue, la crainte de l'avenir se glissa dans l'âme des plus vaillans. Les clameurs que les *copperheads* du nord ne cessaient de pousser en faveur de la paix afin de mettre le désaccord parmi les unionistes et de sauver ainsi la confédération du sud, produisirent à la fin une certaine impression, même sur les chefs du parti républicain, et plusieurs d'entre eux, dans la chimérique espérance d'une réconciliation impossible, consentirent à servir d'intermédiaires entre des émissaires du sud et le gouvernement fédéral. MM. Holcombe, Clement Clay et George Saunders, ardens sécessionistes qui s'étaient donné pour tâche d'encourager les *copperheads* du nord et d'organiser des conspirations contre la république, durent exploiter habilement le sentiment de lassitude qui se faisait jour çà et là. Dans l'espoir de faire conclure un armistice et de donner ainsi quelques mois de répit à l'empire esclavagiste, ils nouèrent des relations avec M. Horace Greeley, directeur du *New-York Tribune* et l'un des chefs les plus influens du parti républicain, et demandèrent un sauf-conduit pour aller traiter des conditions de la paix à Washington, non comme ambassadeurs accrédités de Jefferson Davis, mais comme « agens confidentiels. » Toutefois le persévérant Lincoln n'était pas homme à se laisser détourner un seul instant du grand but qu'il poursuivait avec une si patiente énergie. Dans sa lettre du 18 juillet adressée tout simplement « aux personnes que la réponse peut concerner, » le président se bornait à dire que « toute proposition, embrassant le rétablissement de la paix, l'intégrité de l'Union tout entière et l'abandon de l'esclavage, et venant d'une autorité capable de commander aux armées en guerre contre les États-Unis, serait reçue et considérée de la manière la plus libérale par le gouvernement de la république. » Quelques semaines plus tard, lorsque deux fédéraux bénévoles, MM. Gilmore (1) et Jacques, voulurent à leur tour se faire les apôtres de la conciliation entre les esclavagistes et les républicains, le président Lincoln leur fit exactement la même réponse. Bientôt après, les grandes victoires de Grant, de Sherman, de Farragut lui donnaient raison et justifiaient sa conduite aux yeux de tous les citoyens.

(1) Véritable nom de l'auteur bien connu sous le pseudonyme d'Edmund Kirke.

III. — CAMPAGNE DE GEORGIE. — PRISE D'ATLANTA ET DES FORTS DE MOBILE.

Départ de Chattanooga. — Prise de Dalton. — Bataille de Resaca. — Passage de l'Etowah et prise du col d'Allatoona. — Assaut de Kenesaw-Mountain. — Défaite du général Sturgis. — Prise de Marietta. — Passage du Chattahoochee. — Destitution du général confédéré Johnston. — Batailles d'Atlanta. — Mort de Mac-Pherson. — Bataille de Jonesborough. — Évacuation d'Atlanta. — Lettre du général Sherman. — Capture du *Tennessee*. — Prise des forts de Mobile. — Combat du *Kearsarge* et de l'*Alabama*.

Le point que Sherman avait choisi pour couper en deux le groupe des états orientaux de la confédération esclavagiste et pour lui porter ainsi le coup décisif, est indiqué par la nature elle-même. Près des confins de la Caroline du Nord, du Tennessee, de la Georgie et de l'Alabama, les hautes montagnes granitiques des Apalaches s'abaissent brusquement en appuyant leur base sur un plateau accidenté où de nombreuses rivières prennent leur source pour couler, les unes à l'est et au sud-est vers l'Atlantique, les autres au sud-ouest vers les baies d'Apalachicola et de Mobile, et d'autres enfin dans le Tennessee, l'un des grands tributaires du Mississipi. A une très faible distance à l'ouest de sderniers contre-forts du grand massif montagneux de la Caroline du Nord commence une série de chaînes calcaires, hautes de 2 à 300 mètres et se prolongeant parallèlement comme autant de remparts dans la direction du nord-est au sud-ouest. Le fleuve Tennessee, qui se développe en une vaste courbe tournée vers cette dépression du continent, en rend l'accès facile : c'est là que doivent nécessairement se trouver les avenues commerciales entre le bassin du Mississipi et celui de l'Atlantique; c'est là que s'opèrent les migrations pacifiques des hommes entre les deux versans et que s'équilibrent les populations diverses; c'est aussi là que devait s'engager la lutte entre les armées qui représentaient les deux causes. En cet endroit, qui est un vrai centre géographique, tous les chemins de fer du nord et du sud de l'ancienne confédération viennent se confondre en un seul tronçon, celui de Dalton à Atlanta. C'est la voie de fer que Johnston devait défendre à tout prix, sous peine de voir tomber en pièces la nouvelle patrie que les esclavagistes essayaient de fonder.

Sherman, le chef le plus prévoyant des armées fédérales et l'un des plus tenaces dans ses projets, avait pris d'avance toutes les mesures qui pouvaient assurer le succès de son entreprise périlleuse. La place de Chattanooga, que la victoire de Grant à Missionary-Ridge avait complétement dégagée, était devenue un immense entrepôt d'approvisionnemens contenant des millions de rations sans cesse renouvelées par les convois expédiés de Nashville. Les chemins de fer et les bateaux à vapeur du fleuve Tennessee étaient réservés exclusivement à l'usage des troupes; une discipline stricte régnait dans toute l'armée, et, quant au secret des opérations, Sherman ne le communiquait à personne pour être sûr qu'il fût bien gardé.

Les généraux des trois corps d'armée qui devaient concourir à la conquête de la Georgie avaient été proposés par Sherman et par Grant et possédaient toute leur confiance. Le jeune Mac-Pherson, l'officier le plus brillant et le plus infatigable qui se soit fait un nom dans les guerres du sud-ouest, commandait l'armée du Tennessee; l'indomptable Thomas, celui qui, sur le champ de bataille de Chickamauga, n'avait pas voulu suivre Rosecrans dans sa fuite, et seul, avait tenu deux jours contre les confédérés victorieux, était à la tête de l'armée du Cumberland et servait de bras droit au général Sherman; Schofield, plus heureux et plus aimé comme chef de troupes qu'il ne l'avait été au Missouri comme administrateur, avait sous ses ordres l'armée de l'Ohio. Parmi les officiers d'un grade inférieur se trouvaient le vaillant Hooker, qu'avait épouvanté naguère en Virginie la terrible responsabilité du commandement en chef, mais qui se sentait à l'aise quand on l'envoyait au plus épais de la mêlée; puis Logan, Howard, Slocum, Sickles et d'autres lieutenans d'un grand mérite. Kilpatrick, qu'avaient illustré ses expéditions en Virginie, commandait une cavalerie nombreuse, destinée à protéger les derrières de l'armée de Sherman et à menacer la ligne de retraite des confédérés.

Au moment du départ de Chattanooga, les forces réunies de Sherman, composant la grande armée du Mississipi, s'élevaient à près de 100,000 hommes. La plupart des soldats étaient de rudes pionniers de l'ouest habitués dès leur enfance aux longues marches, aux défrichemens des bois et des savanes, aux campemens en plein air. Les fatigues de la campagne, beaucoup plus redoutables à la longue que ne le sont les dangers de la bataille, n'effrayaient pas ces hommes énergiques qui s'étaient arrachés à la charrue. En outre ils avaient, de plus que l'armée du Potomac, tout un long passé de victoires remportées avec Grant dans le Tennessee, et le général qu'ils avaient maintenant à leur tête leur inspirait une confiance égale à celle qu'ils avaient eue pour le vainqueur de Vicksburg. Quant au chef des confédérés, Johnson, il n'avait avec lui que 60,000 hommes environ; mais il avait une cavalerie supérieure en force à celle de Sherman, ce qui lui permettait d'opérer sans cesse sur les derrières de l'armée d'invasion; il avait aussi l'avantage de la défensive et pouvait arrêter ses adversaires à chacune des lignes fortifiées qui séparaient les bords du Tennessee de la place d'Atlanta.

Il était entouré de populations amies, tandis que Sherman devait s'aventurer sur un territoire où presque tous les habitans, à l'exception des nègres, lui étaient hostiles; à mesure qu'il s'éloignait de sa base d'opérations, Sherman était en outre obligé d'affaiblir son armée pour laisser derrière lui des garnisons dans chaque station du chemin de fer et sur tous les points stratégiques importans. En arrêtant les fédéraux devant les forteresses et au passage des rivières, puis en reculant à propos, Johnston était assuré de voir l'armée des envahisseurs se fondre peu à peu et s'éparpiller en petits corps sur la route d'Atlanta. La stratégie de Johnston consistait donc à reculer savamment devant des forces supérieures en nombre; malheureusement la confédération, menacée dans son existence même, avait besoin de victoires éclatantes pour relever son prestige. La prudence même de Johnston lui fut imputée à crime par le gouvernement de Richmond.

Dès le commencement du mois d'avril, Sherman avait fait occuper tous les passages de la chaîne appelée Taylor's-Ridge, qui se dresse entre Chattanooga et Dalton; mais le gros de l'armée restait immobile dans ses quartiers d'hiver. Le 3 mai, le corps de Mac-Pherson, auquel on avait assigné pour lieu de campement les environs de Huntsville, à 150 kilomètres plus bas sur le Tennessee, fut rapidement transporté par chemin de fer à Chattanooga, et le lendemain l'armée tout entière pénétrait en Georgie, « l'état impérial » du sud. En inaugurant cette campagne, au moins égale en importance à celle de la Virginie qui commençait en même temps, le général Sherman ne fit point de proclamation pompeuse; mais tout d'abord il sut donner à ses lieutenans et à ses soldats l'exemple d'une héroïque simplicité en se refusant jusqu'au luxe d'une tente.

Le 7 mai, le corps principal avait franchi le Taylor's-Ridge et chassait l'avant-garde de Johnston de l'importante station de Tunnel-Hill, à 35 kilomètres de Chattanooga. Les confédérés se massèrent en avant de Dalton, au défilé de Buzzard's-Roost (aire d'épervier) et sur les roches escarpées des monts Chattoogata qui dominent de part et d'autre ce passage étroit. Une pareille position, défendue par de nombreuses batteries et précédée d'un barrage qui retenait les eaux du Mill-Creek, était vraiment inaccessible; les unionistes tentèrent vainement de tourner ce défilé en prenant d'assaut les escarpemens de la montagne; ils furent repoussés par les troupes ennemies qui occupaient en force la crête de toutes les hauteurs; mais ils réussirent par leurs démonstrations à détourner sur ce point l'attention exclusive de Johnston. Pendant ce temps Mac-Pherson se dirigeait rapidement vers le Snake-Gap (col du serpent) qui traverse les monts Chattoogata, à 25 kilomètres plus au sud. Le 9, ses régimens débouchaient par ce passage, qui n'était pas même gardé, et se montraient devant la place de Resaca, à une grande distance derrière l'armée de Johnston. Celui-ci n'avait pas un instant à perdre pour sauver son armée. Protégé par une pluie diluvienne, qui empêcha de la part de Sherman toute opération agressive, il eut le temps d'évacuer le défilé de Buzzard's-Roost et de transférer ses troupes par chemin de fer de Dalton à Resaca : c'est devant les murs de cette place puissamment fortifiée qu'il fit sa seconde halte pour recevoir le choc des fédéraux.

La bataille commença dans la matinée du 14 mai par l'attaque des unionistes. L'armée de Johnston était campée à l'ouest et au nord de Resaca sur un promontoire de collines abruptes et boisées auprès desquelles un ruisseau vaseux et bordé d'arbustes coulait à travers des champs cultivés. Les assaillans s'acharnèrent pendant toute la journée contre cette forte position, mais ils furent chaque fois repoussés avec de grandes pertes, et des centaines d'entre eux trouvèrent la mort dans le ruisseau. Le lendemain, le corps de Hooker, qui occupait la gauche de l'armée, reçut de puissans renforts et renouvela l'attaque : elle fut en partie couronnée de succès, et les troupes de Johnston s'épuisèrent en vains efforts pour reprendre leur première ligne de retranchemens ou les tourner du côté du nord. Déjà les troupes fédérales commençaient à se reployer en demi-cercle des deux côtés de la place : si Johnston ne voulait pas voir la bataille se transformer en siége, il devait encore cette fois battre en retraite, évacuer les fortifications de Resaca sans même essayer de les défendre et chercher à lutter de vitesse avec les fédéraux dans sa marche vers Atlanta. Les pertes des assaillans, plus fortes que celles de l'armée du sud, étaient d'environ 3,500 hommes tués, blessés et prisonniers; mais les séparatistes laissaient derrière eux un grand nombre de traînards.

La retraite s'accomplit d'une manière tellement rapide que le général Johnston n'eut pas le temps de faire détruire les chemins de fer derrière son armée. Les troupes de Sherman, à peine retardées par d'insignifiantes escarmouches, suivaient à la course leurs adversaires et traversaient immédiatement après eux les villes et les villages, que la peur avait fait déserter par leurs habitans. Johnston, mal conseillé par ses lieutenans Hood et l'évêque Polk, ne s'arrêta qu'après avoir mis le cours de la rivière Etowah entre Sherman et lui. Le 20 mai, un des corps fédéraux occupait la ville importante de Kingston, tandis que Mac-Pherson, opérant au loin sur la droite, entrait dans la ville de Rome, située au confluent de l'Ostanaula et de l'Etowah, et s'emparait sans coup férir des usines, des manufactures d'armes, des magasins d'approvisionnemens et de munitions qu'y possédait le gouvernement rebelle. Ainsi, en moins de quinze jours, le général Sherman avait parcouru avec son armée victorieuse plus de la moitié de la distance qui le séparait d'Atlanta, et, chose nouvelle dans les annales de la guerre, il avait en même temps su garder intacte la ligne de chemin de fer arrachée à l'ennemi. Le lendemain de la prise de Kingston, les convois circulaient déjà de Chattanooga aux bords de l'Etowah sur une distance de 150 kilomètres environ, et les places de Resaca et de Kingston étaient transformées en dépôts secondaires d'approvisionnemens.

Au sud de l'Etowah la voie ferrée d'Atlanta s'engage dans une région très accidentée, où les défilés étroits et les parois abruptes de rochers facilitent singulièrement la défense : ce sont les monts d'Allatoona. Si Sherman avait osé y poursuivre l'ennemi, qui semblait l'inviter par la célérité de sa retraite, il est probable que les fédéraux auraient perdu beaucoup de monde en vaines attaques; mais, au lieu de marcher sur les traces de l'ennemi, les corps unionistes se dirigèrent vers le sud en laissant le chemin de fer et les forts retranchemens de Johnston à une grande distance sur la gauche. La région qu'avaient à traverser les fédéraux pour tourner ainsi la position ennemie est à peine moins difficile que celle d'Allatoona; elle est coupée de ravins, de ruisseaux tortueux, de collines boisées; mais pour Sherman elle avait l'avantage d'être bien moins défendue. Sous peine de rester isolés de leur ligne de communication, les confédérés durent encore une fois abandonner les fortifications qu'ils avaient préparées longtemps à l'avance et se précipiter au-devant de leurs adversaires. Les escarmouches furent nombreuses et sanglantes, principalement aux abords de la ville de Dallas, de l'église de New-Hope et dans les montagnes de Dug-Down; mais après un choc sanglant contre la division de Hood le corps de Mac-Pherson réussit enfin à franchir ce chaînon, et bientôt après la cavalerie fédérale pénétrait sans danger dans le défilé d'Allatoona, la grande « porte » que traverse le chemin de fer pour gagner le plateau de la Georgie. Sherman eut bientôt transformé ce point stratégique en une place d'armes avancée.

Toutefois il restait encore une barrière de collines à franchir avant d'atteindre la rivière de Chattahoochee qui couvre au nord la cité d'Atlanta. Ce chaînon, à la base méridionale duquel se trouve la jolie petite ville de Marietta, se développe dans la direction de l'est à l'ouest, transversalement à la voie ferrée. Les principaux sommets de la rangée, le mont Kenesaw, que contourne le chemin de fer, le mont des Pins et la montagne Perdue (*Lost-Mountain*), qui s'élèvent plus à l'ouest, étaient couronnés d'une série de retranchemens formidables, précédés d'abatis, de palissades, de chevaux de frise. Sherman, dont la longue ligne de communications avec Chattanooga et les états du nord était déjà très sérieusement menacée par la cavalerie du général Wheeler, était ainsi exposé à rester isolé et dépourvu d'approvisionnemens au milieu d'un pays ennemi, s'il continuait son mouvement de flanc et ne se rapprochait de l'armée de Johnston pour la confronter directement. S'établissant lui-même à la station de Big-Shanty, il rapprocha graduellement toutes ses divisions du chemin de fer, et fit passer de l'extrême droite à l'extrême gauche le corps de Mac-Pherson, toujours chargé des manœuvres les plus périlleuses. Ces difficiles opérations militaires s'accomplirent avec succès pendant la première partie du mois de juin, et, dès le 17, les fédéraux recommençaient l'attaque par une terrible canonnade. La division de Hooker venait d'emporter d'assaut les retranchemens de la montagne Perdue, à l'extrême gauche des confédérés, lorsque Johnston, changeant brusquement de plan stratégique, fit évacuer sans combat la montagne des Pins pour concentrer ses troupes sur le Kenesaw et couvrir du côté de l'ouest la ville de Marietta et les passages du Chattahoochee. Aussitôt les corps de l'armée fédérale convergèrent de trois côtés vers la base du massif de collines fortifiées et commencèrent leurs travaux d'approche. En un petit nombre de jours, la gauche, sous Mac-Pherson, et la droite, commandée par Schofield, avaient à demi enveloppé la position de l'ennemi, et Sherman crut pouvoir risquer l'assaut du mont Kenesaw, dans l'espérance de rompre le centre de l'armée confédérée et de lui couper la retraite au moyen de sa cavalerie. Le 27 juin, il donna l'ordre de l'attaque des forts avancés. Les troupes de Thomas et de Mac-Pherson s'élancèrent avec la même résolution que dans toutes les batailles antérieures; mais les lignes confédérées étaient trop bien défendues par la nature, par l'art et le courage des hommes du sud pour qu'il fût possible de les percer. L'assaut fut repoussé sur tous les points. Plus de 2,500 morts et blessés, parmi lesquels les officiers étaient en très forte proportion, jonchèrent le terrain devant les retranchemens de l'ennemi, tandis que celui-ci, tirant à loisir à travers les embrasures, perdit à peine quelques centaines d'hommes. Ce fut le premier et le seul échec sensible de Sherman dans sa campagne de la Georgie. Cet événement, suivant de près une défaite que les bandes esclavagistes de Forrest avaient fait subir dans l'état du Mississipi au faible corps d'opération du général Sturgis, rendit quelques jours d'illusions aux rebelles de la Georgie et des états limitrophes.

Toutefois, si le général Sherman n'avait pu anéantir l'armée confédérée qui lui disputait le passage, il ne lui fut pas difficile de la déloger par des manœuvres stratégiques. Sur la droite, le corps d'armée de Schofield se rapprochait sans cesse du chemin de fer et des bords du Chattahoochee, tandis que la cavalerie de Stoneman apparaissait à l'improviste sur les routes que devaient suivre les confédérés dans leur retraite. Johnston menacé donna pour la cinquième fois l'ordre de reculer, et moins d'une semaine après avoir remporté la sanglante victoire du mont Kenecsaw il évacuait le champ de bataille sans combat. Toute la région qui s'étend au nord de la rivière Chattahoochee tombait ainsi au pouvoir des fédéraux avec la charmante ville de Marietta et les importantes usines et manufactures de coton qui se trouvaient à Roswell ou Rossville, à 25 kilomètres à l'est. Une tête de pont et des fortifications régulières d'un développement considérable défendaient le viaduc du chemin de fer et tous les principaux gués du Chattahoochee (1); mais les forces de Sherman étaient assez supérieures en nombre à celles de son adversaire pour tourner encore une fois la position. Mac-Pherson fut de nouveau transféré sur la droite, et tandis que par d'énergiques démonstrations il retenait en face de lui les troupes les plus solides de Johnston, Schofield se dirigeait secrètement vers la gauche et se préparait à passer la rivière à plus de 30 kilomètres en amont. Les confédérés furent complétement pris au dépourvu; dans la matinée du 8 juillet les unionistes franchirent le Chattahoochee sans encombre, s'emparèrent au pas de course du seul canon qu'on leur avait opposé sur ce point et se retranchèrent aussitôt afin de pouvoir résister à une attaque en force. Quelques jours après, le général Sherman était maître des deux rives et pouvait montrer à ses troupes la belle ville d'Atlanta, sur un plateau découpé de vallées profondes et recouvert de grands bois. Ainsi, d'étape en étape, Johnston avait été graduellement repoussé jusque sous les murs de la forteresse georgienne. Par sa retraite, il livrait aux fédéraux la porte stratégique de la Georgie, qui était en même temps la contrée manufacturière la plus importante de la confédération et la région du sud la plus riche en céréales : de vastes champs de blé, bientôt mûrs pour la moisson, recouvraient une grande partie du territoire compris entre le cours de l'Etowah et celui du Chattahoohee.

A Richmond, l'émotion fut grande à la nouvelle des victoires de Sherman. Le prudent Johnston, accusé de pusillanimité, bien que sa tactique eût été précisément celle de Lee devant Richmond, dut remettre sa démission à Jefferson Davis, et celui-ci nomma au com-

(1) En cherokee, *fleuve des rochers fleuris*.

mandement des troupes de Georgie un de ses amis, le bouillant général Hood, qui avait eu l'honneur de rester le dernier sur la rive septentrionale du Chattahoochee. Cependant l'armée de Sherman, après s'être reposée pendant une semaine, reprenait sa marche et franchissait le Peach-tree-Creek (ruisseau du pêcher) (1), qui coule à sept ou huit kilomètres au nord d'Atlanta. Mac-Pherson, toujours à l'avant-garde, entrait à Decatur, première station du chemin de fer central de la Georgie à l'est d'Atlanta, et coupait ainsi les communications de la place avec la partie orientale de l'état. De son côté, la cavalerie fédérale décrivait une grande courbe à travers l'Alabama et la Georgie occidentale, en détruisant les chemins de fer, en brûlant les manufactures et les dépôts de munitions et en dispersant les camps de la milice.

Le général Hood ne voulut pas attendre d'être investi : dès le 20 juillet, trois jours après sa nomination, il prenait déjà l'offensive. Adoptant une des manœuvres favorites de Lee, il lança aux approches de la nuit presque toute son armée sur les corps fédéraux qui formaient la droite de Schofield dans la vallée du Peachtree; mais les soldats contre lesquels il vint se heurter étaient ceux de Hooker, « Joe le batailleur. » Pour la première fois depuis le commencement de la campagne, le combat eut lieu sur un terrain découvert : aussi le carnage fut-il très considérable des deux parts, surtout du côté des assaillans. Ceux-ci percèrent d'abord la ligne des fédéraux; mais, en dépit de leur admirable élan et de la fougue de leur chef, ils furent enfin rejetés vers la place. Dans ce sanglant assaut, leur perte totale ne fut pas moindre de 3,000 hommes; celle des unionistes était inférieure de près des deux tiers.

Le surlendemain 22, nouvelle bataille plus terrible encore et non moins désastreuse pour les confédérés que la précédente. Cette fois Hood, que l'insuccès de l'avant-veille n'avait pas découragé, massa presque toutes ses forces contre la gauche fédérale commandée par Mac-Pherson. Celui-ci fut une des premières victimes de cette attaque soudaine. Il tomba, les poumons percés d'une balle, au moment où il passait devant le front de l'ennemi pour le reconnaître rapidement avant de prendre ses dispositions pour la bataille. La triste nouvelle se répandit aussitôt, et l'enthousiasme guerrier de l'armée du Cumberland, qui adorait son chef, se transforma en fureur. « Mac-Pherson et vengeance! » tel fut le cri que le général Logan jeta aux troupes pour les animer à la victoire. De leur côté les confédérés n'étaient pas moins résolus à triompher. Ils emportent une ligne de retranchemens et s'emparent de dix canons;

(1) Ou mieux, *Pitch-tree-Creek*, ruisseau de l'arbre à résine.

mais les unionistes reviennent à la charge et reprennent d'assaut les lignes dont ils viennent d'être chassés. Bientôt des renforts accourent des armées de l'Ohio et du Cumberland, qui forment le centre et la droite des forces de Sherman. La cavalerie confédérée de Wheeler, tournant autour du corps de Logan, entre sur ses derrières dans la ville de Decatur et capture quelques wagons; mais une partie des troupes fédérales se retourne vers l'est pour couvrir les convois d'approvisionnemens et disperser les cavaliers du sud. Pendant une grande partie de la journée, la bataille continue sur presque tous les points avec un acharnement rarement égalé. Le soir, lorsque Hood vaincu se retira lentement vers Atlanta, son armée était diminuée d'au moins 10,000 hommes. Les pertes des fédéraux étaient de 3,521 soldats tués, mis hors de combat et prisonniers. Cette seconde bataille d'Atlanta ne serait pas moins célèbre dans les fastes de la guerre que celles de Wilderness et de Spottsylvania si elle n'avait pas été livrée à une si grande distance de New-York et de Washington.

Après d'aussi terribles échecs qui avaient probablement coûté au général Hood un bon tiers de son armée, il dut abandonner pour un temps ses projets d'attaque à outrance et laisser son adversaire pousser graduellement ses travaux d'approche au nord et à l'est de la place. En peu de jours, la ligne des fortifications de la vallée du Peach-tree-Creek devint assez solide pour qu'un seul corps pût la défendre sans crainte contre les assauts de toute une armée. Désormais tranquille de ce côté, Sherman transféra secrètement toute l'armée du Tennessee de l'extrême gauche à l'extrême droite, et l'établit directement à l'ouest de la ville, non loin d'un chemin de fer qui se bifurque en deux voies, l'une se dirigeant au sud-ouest vers Mobile, l'autre au sud, puis au nord-est vers Macon et Savannah. Le général Howard, successeur de Logan dans le commandement de l'armée du Tennessee, se dirigea vers ces voies ferrées, mais en ayant soin de se couvrir du côté de la ville par des abatis en prévision d'une attaque. Ce nouvel assaut eut lieu dans la matinée du 28. Avec une énergie désespérée, les troupes de Hood se ruèrent encore contre les fédéraux : encore une fois elles essayèrent de s'ouvrir par leur furieux élan une issue à travers quelque partie faible des lignes opposées; elles furent de nouveau rejetées dans la place après un grand carnage. Désormais Hood, épuisé par ces efforts suprêmes, était bien forcé d'en revenir malgré lui à la stratégie patiente de son prédécesseur Johnston.

Par un mouvement hardi, tout à fait analogue à celui du général Grant devant Petersburg, Sherman, maître des passages du Chattahoochee et du chemin de fer de Chattanooga, déplaça tout à coup la partie de son armée qui se trouvait encore au nord et au nord-ouest d'Atlanta, et la massa du côté de l'ouest, afin de couper les communications de la place avec Mobile, Macon et Savannah. De même que Grant, il cessa tous ses travaux directs d'investissement autour de la ville menacée, et concentra tous ses efforts contre les positions ennemies qui défendaient les chemins de fer rayonnant vers le sud. De son côté Hood, qui se rendait parfaitement compte du but que Sherman avait en vue, se jeta au-devant de son adversaire pour lui barrer la route. Pendant un mois entier, ce fut une série continuelle d'escarmouches et même de combats sanglans sur l'étroite zone de terrain si favorable aux embûches qui s'étend au sud-ouest entre le chemin de fer et le cours parallèle du Chattahoochee. Dans chaque ravin ou chaque colline il fallait livrer de nouveaux assauts. Les unionistes n'avançaient que pas à pas et dans leur propre sang.

En même temps la cavalerie fédérale s'élançait à travers les campagnes de la Georgie pour tomber à l'improviste sur des points stratégiques importans et détruire les ressources de l'ennemi; mais presque tous ces détachemens s'aventurèrent à de trop grandes distances, dans un pays où les centres de population sont assez considérables, où de larges et profondes rivières offrent un obstacle très sérieux aux expéditions rapides. Le général Mac-Cook, qui avait essayé de couper le chemin de fer de Macon, avait laissé en route dans les mains de l'ennemi plus de la moitié de ses cavaliers: Stoneman, plus malheureux encore dans la tentative qu'il avait faite pour délivrer des prisonniers enfermés à Macon, avait été capturé lui-même avec sa troupe presque tout entière; enfin Kilpatrick, vivement poursuivi par les confédérés, n'avait pu commettre de dégats sérieux sur les voies de communication de la Georgie. L'insuccès des cavaliers unionistes encouragea leurs adversaires, et ceux-ci à leur tour tentèrent de s'emparer du chemin de Chattanooga, sur les derrières de la grande armée du nord. Le général Wheeler, à la tête de plusieurs milliers d'hommes, se présenta soudain devant Dalton et demanda la capitulation de la place. « On m'a chargé de me défendre et non de me rendre, » répondit simplement le colonel Lieboldt, et il se défendit en effet si bien que Wheeler n'osa plus renouveler sa tentative. Les autres garnisons, éparses dans les diverses stations du chemin de fer, résistèrent toutes avec le même succès. Le bruit s'était répandu que Sherman, pénétré de l'importance capitale qu'avaient pour lui ses libres communications avec le nord, avait fait jurer de mourir plutôt que de se rendre à tous les hommes retranchés dans les stations de la voie ferrée transformées en forteresses.

Quoi qu'il en soit, un plus long retard à la prise d'Atlanta pouvait devenir fatal à l'armée de Sherman, aventurée si loin en pays ennemi. Hood, solidement retranché dans une place entourée de forts inexpugnables, pouvait, grâce à sa position défensive, tenir parfaitement tête à des forces bien supérieures en nombre, en attendant lui-même les renforts qu'une victoire de Lee permettrait de lui envoyer de Richmond. En outre, il menaçait sans cesse les communications de Sherman par sa cavalerie, et le tenait pour ainsi dire assiégé en rase campagne. Cette situation incertaine ne pouvait se prolonger sans péril; mais c'est précisément du sein de ce danger que le général unioniste voulait faire sortir la victoire. Heureux d'être menacé sur ses derrières par la cavalerie de Wheeler, déjà trop éloignée pour que Hood pût la rappeler à temps, Sherman, qui depuis des semaines attendait cette faute de son adversaire, vit que le moment était venu de mettre à exécution l'héroïque projet qu'il avait conçu. Il ordonna au 20ᵉ corps d'armée, sous les ordres de Slocum, de se retirer à l'ouest et au nord-ouest, vers le viaduc du chemin de fer et les gués du Chattahoochee, et de s'y mettre à l'abri de toute attaque par de solides retranchemens. Le 25 et le 26 juillet, tandis que ce mouvement de retraite s'accomplissait ostensiblement, à la grande joie des rebelles, tout le reste de l'armée, abandonnant ses positions fortifiées et ses libres communications avec le nord, s'évadait secrètement vers le sud-ouest et tournait à travers les bois l'extrême gauche de l'ennemi : isolée et ne comptant plus désormais que sur ses propres ressources, l'armée de Sherman avait réduit son convoi d'approvisionnemens et ses ambulances au strict nécessaire pour une quinzaine de jours, c'est-à-dire à 4,000 wagons environ, et se dirigeait en toute hâte vers la partie du chemin de fer de Montgomery située au-delà des lignes confédérées. Le 28, l'homonyme du président des états confédérés, le général unioniste Jefferson Davis, atteignait la voie ferrée à 21 kilomètres au sud-ouest d'Atlanta et la détruisait sur plus d'une lieue jusqu'à la station de Fairburn. Les trois armées du Tennessee, du Cumberland, de l'Ohio, suivaient cette avant-garde. Elles traversèrent rapidement le chemin de Montgomery, puis, se retournant à l'est, marchèrent vers la ligne de Macon de manière à la menacer sur une longueur de 30 kilomètres environ, de la bifurcation d'East-Point à la station de Jonesborough. Le 31, l'œuvre de destruction commençait sur cette voie ferrée en deux endroits à la fois, et le lendemain cette artère si importante de la confédération esclavagiste était définitivement coupée. En même temps le général Jefferson Davis, disposant de forces bien plus nombreuses que celles de son antagoniste, le général Hardee, prenait d'assaut les ouvrages de Jonesborough et faisait un millier de prisonniers. La place d'*Atlanta*, le *Richmond* de la Georgie, était enfin séparée du domaine de la rébellion.

Durant la nuit du 1er au 2 septembre, les troupes fédérales entendirent du côté d'Atlanta d'incessantes explosions, semblables à un bombardement. Hood, évacuant la place, faisait sauter en partant ses magasins de poudre et de bombes, ses fabriques d'armes et de machines, les locomotives des chemins de fer, les chars tout remplis de munitions. Quelques heures après, les troupes de Slocum arrivaient des bords du Chattahoochee et pénétraient dans cette formidable enceinte de 20 kilomètres de développement, qu'une armée double ou triple de celle de Sherman eût vainement tenté de prendre d'assaut. Puis, toutes les forces de Sherman, rebroussant chemin vers le nord et s'emparant en passant de quelques milliers de traînards confédérés qui n'avaient pas suivi leur chef dans sa retraite sur le sud-est, entraient à leur tour dans la « cité des portes » et visitaient avec étonnement les forts, les redoutes, les arsenaux que la confédération rebelle venait de leur abandonner sans combat.

L'œuvre de destruction que le général Hood avait commencée, le général Sherman la compléta. Plein du sentiment de l'immense responsabilité qui pesait sur lui en qualité de commandant de la grande armée du Mississipi, il ne voulut pas compromettre le salut de cette armée, et par conséquent les États-Unis eux-mêmes, en la laissant entourée d'espions et d'ennemis déguisés. Le souvenir de maint plan de campagne divulgué, de maint insuccès lamentable causé par les indiscrétions commises à Nashville, à Chattanooga et dans toutes les villes où les citoyens du sud et les soldats du nord vivaient côte à côte, lui fit prendre une mesure terrible, celle de transformer Atlanta en une place strictement militaire et de renvoyer toute la population civile, à l'exception des nègres qui prêteraient le serment d'allégeance et s'enrôleraient dans l'armée fédérale. Un de ses premiers soins fut donc d'écrire au général Hood pour lui signifier ses intentions à l'égard des habitans d'Atlanta et lui proposer une trêve de dix jours afin que de part et d'autre on pût apporter plus d'humanité dans cette œuvre douloureuse. Hood accepta l'armistice par une lettre très digne : « Permettez-moi, s'écriait-il en terminant, permettez-moi, monsieur, de vous dire que la mesure sans précédent proposée par vous dépasse en cruauté ingénieuse et calculée tous les actes que nous offre la sombre histoire de la guerre. Au nom de Dieu et de l'humanité, je proteste; vous apprendrez un jour, je l'espère, que les femmes et les enfans chassés de leurs demeures et de leurs foyers appartiennent à une nation vaillante. » De son côté, le maire d'Atlanta, M. Calhoun, exposait dans une pétition touchante quelles seraient les douloureuses conséquences de cet ordre d'exil. Le général Sherman, l'un des citoyens qui honoraient le plus la république américaine, était un homme tendre et compatissant, ainsi que sa conduite l'a maintes fois prouvé; mais il était en même temps doué d'une volonté que rien ne pouvait fléchir. Il répondit au maire de la ville par une lettre éloquente qui ne prouve, hélas! que trop clairement combien sont atroces les lois de la guerre. Nous donnons ici les principaux fragmens de cette réponse de Sherman :

... « J'ai lu avec le plus grand soin votre pétition et j'ajoute pleinement foi à ce que vous dites au sujet de la détresse qu'amènera le renvoi de tous les habitans d'Atlanta. Cependant je ne révoquerai point mes ordres, et cela tout simplement parce que je n'ai pas eu pour but de me conformer aux règles de l'humanité, mais de me préparer pour des luttes futures, dans lesquelles les intérêts de millions et même de centaines de millions de braves gens en dehors d'Atlanta sont profondément engagés. Il nous faut conquérir la paix, non-seulement à Atlanta, mais dans l'Amérique entière.

« Je connais le caractère vindicatif de nos ennemis, et je sais que nous pouvons peut-être nous attendre à plusieurs années d'opérations militaires: c'est pour cela qu'il me parait prudent de prendre les mesures nécessaires en temps opportun. La destination d'Atlanta comme place de guerre est inconciliable avec les mœurs d'une cité pacifique. Il n'y aura plus ni industrie, ni commerce, ni agriculture pour fournir aux besoins des familles, et tôt ou tard la misère chasserait tous les habitans. Pourquoi ne pas s'en aller aujourd'hui, puisque toutes les dispositions sont prises pour faciliter le déplacement de la population, au lieu d'attendre que les boulets plongeans des deux armées en lutte renouvellent les scènes du mois écoulé?... Je ne puis traiter avec vous ce sujet d'une manière complète, car il faudrait vous faire part de ce que je veux entreprendre; mais je vous affirme que mes plans militaires me font une nécessité de renvoyer les habitans d'Atlanta, et je ne puis que vous renouveler mes offres de service afin que cette émigration dans l'un ou l'autre sens s'accomplisse, autant qu'il est possible, d'une manière facile et comfortable.

« Vous ne pourrez jamais témoigner pour la guerre plus d'horreur que je n'en éprouve moi-même. La guerre c'est la cruauté, et vous ne réussirez point à l'adoucir. Aussi les hommes qui ont déchaîné ce fléau sur le pays méritent-ils toutes les imprécations, toutes les malédictions qu'un peuple peut faire tomber sur leurs têtes. Pour ma part, je n'ai rien fait pour amener cette guerre, et je sens que je fais aujourd'hui un plus grand sacrifice que vous pour assurer le retour de la paix. Toutefois il vous est impossible d'avoir la paix tant que la nation restera divisée. Si les États-Unis acceptent maintenant la scission, ils n'en resteront point là, et le travail de désorganisation continuera jusqu'à ce que nous partagions le sort du Mexique, c'est-à-dire la guerre civile en permanence... Revenez à l'Union, reconnaissez de nouveau l'autorité du gouvernement national, et au lieu d'employer vos maisons, vos rues, vos grandes routes aux terribles nécessités de la guerre, nous deviendrons aussitôt, moi et mon armée, vos protecteurs et vos soutiens, et nous vous garantirons du danger, de quelque côté qu'il puisse venir...

« Il vaudrait autant pour vous protester contre la foudre que d'en appeler de ces terribles épreuves de la guerre. Elles sont inévitables, et le seul moyen par lequel les habitans d'Atlanta pourront retrouver un jour chez eux la paix et la tranquillité, c'est de mettre un terme à la guerre, en avouant qu'elle commença dans l'iniquité et qu'elle se continue par l'orgueil. Nous ne voulons ni vos nègres, ni vos chevaux, ni vos maisons, ni votre terre, ni quoi que ce soit de ce qui vous appartient; mais nous vous demandons et nous obtiendrons de votre part une juste obéissance aux lois des États-Unis. Nous arriverons à ce but, dussions-nous pour cela détruire toutes vos propriétés...

« Je le répète, en vertu du contrat national, les États-Unis avaient en Georgie certains droits qui n'ont point été abandonnés et qui ne le seront jamais. Les états du sud ont commencé la guerre en s'emparant des forts, des arsenaux, des monnaies, des douanes bien avant l'installation de M. Lincoln, et cela sans avoir l'ombre, l'apparence d'une provocation. Moi-même j'ai vu dans le Missouri, le Kentucky, le Tennessee et le Mississipi des centaines et des milliers de femmes et d'enfans, qui s'enfuyaient de devant vos armées, désespérés, faméliques et les pieds ensanglantés. A Memphis, à Vicksburg, et dans l'intérieur du Mississipi nous avons nourri par milliers et par milliers les familles de soldats rebelles que vous aviez laissées à notre charge et que nous ne pouvions nous résoudre à voir souffrir. Maintenant que le fléau vous visite à votre tour, vous changez de sentimens, vous maudissez les horreurs de la guerre; mais elles vous étaient indifférentes lorsque vous expédiiez par le chemin de fer soldats et munitions, boulets et mitraille dans le Kentucky et le Tennessee pour désoler les demeures de centaines et de milliers de bons citoyens qui demandaient seulement à vivre en paix à leurs foyers et sous le gouvernement que s'étaient donné leurs ancêtres. Toutefois ces rapprochemens ne servent à rien. Je veux la paix, je crois qu'on ne peut l'obtenir que par le rétablissement de l'Union et par la guerre, et je combats dans l'unique intention d'arriver à ce résultat prochainement et d'une manière complète.

« Quoi qu'il en soit, messieurs, quand cette paix sera venue, vous pourrez compter entièrement sur moi. Alors je partagerai avec vous mon dernier morceau de pain, et je veillerai sur vous pour défendre vos demeures et vos familles contre le danger, de quelque part qu'il vienne. Maintenant il vous faut partir. Emmenez avec vous les vieillards et les invalides, nourrissez et soignez-les, construisez pour eux en des contrées plus tranquilles des habitations convenables pour les garantir des intempéries, jusqu'à ce qu'enfin les folles passions des hommes se soient calmées et permettent à l'Union et à la paix de s'établir de nouveau dans vos anciennes demeures d'Atlanta. »

Cet appel touchant, de la part d'un homme aussi tendre qu'inflexible, fit peut-être sur le peuple du sud, et notamment sur celui de la Georgie, plus d'impression que n'en eût fait une bataille. En parlant ainsi, le général Sherman était le véritable interprète du peuple américain : comme lui, les citoyens du nord avaient pris l'inébranlable résolution de vaincre les rebelles et de rétablir l'Union, mais ils n'éprouvaient aucun sentiment de rancune contre les populations du sud et se promettaient d'avance d'oublier entièrement le passé dès que la paix serait assurée.

Chose remarquable! parmi les exilés d'Atlanta, plus des quatre cinquièmes prêtèrent le serment d'allégeance et se dirigèrent vers les états du nord; moins de 2,000 personnes demandèrent un sauf-conduit pour se rendre dans quelques villes du sud à travers les lignes confédérées. La direction que suivit le courant principal des émigrans était un verdict porté par l'opinion des méridionaux eux-mêmes sur l'avenir de la confédération esclavagiste. La majorité des habitans d'Atlanta témoignait ainsi de la manière la plus évidente qu'elle n'avait plus aucune foi dans le maintien du nouvel empire fondé par les planteurs.

Quelque temps avant la grande victoire d'Atlanta, un triomphe non moins considérable avait complétement ruiné la cause des rebelles sur le littoral du sud-ouest : le vieil amiral David Farragut, non moins éminent comme marin que Sherman comme soldat, avait héroïquement forcé l'entrée de la baie de Mobile. Cette mer intérieure, qui n'a pas moins de 55 kilomètres du nord au sud, est séparée du golfe du Mexique par une longue flèche de dunes et de marécages appelée Mobile-Point, par l'île étroite du Dauphin et par quelques petits îlots d'une moindre importance. Le chenal oriental, profond de 5 à 6 mètres, vient raser l'extrémité de Mobile-Point sous les murailles du redoutable fort Morgan. Un autre ouvrage, le fort Gaines, situé à la pointe de l'île du Dauphin, défendait la passe du côté de l'ouest, enfin les canons du fort Powell barraient la route aux navires qui auraient voulu forcer le passage du petit chenal entre l'île du Dauphin et le continent. Le général Page, marin bien connu par son exploration du Paraguay, avait accumulé dans le fort Morgan, sous lequel devait passer l'escadre fédérale, toutes les ressources défensives que la science moderne et le génie des artilleurs ont inventées. Derrière ce premier obstacle formé par les deux forts Morgan et Gaines se tenait la flottille des confédérés composée de quatre ou cinq navires et du bélier le *Tennessee*, commandé par l'amiral Buchanan, le même qui, deux années auparavant, monté sur le fameux *Merrimac*, avait coulé ou dispersé les navires de l'Union à l'entrée de la rivière James. Ce formidable engin de destruction, que ses matelots croyaient invulnérable, était couvert d'une carapace de fer de 5 pouces au centre et à l'arrière, de 6 pouces à l'avant, reposant sur une masse de chêne solide ayant 2 pieds d'épaisseur moyenne et 3 pieds près de l'éperon; il attendait sous vapeur l'arrivée de la flotte de Farragut pour s'élancer successivement sur chaque navire et les perforer de son taille-mer ou de ses énormes boulets. Ce n'est pas tout : les marins de l'escadre fédérale savaient que le chenal était semé de trois cents torpilles et qu'une seule de ces machines terribles pouvait faire sauter un navire avec tout son équipage. Tels étaient les obstacles qu'avait à vaincre Farragut avant d'occuper la rade; mais, pour forcer le passage du Mississipi devant Port-Hudson, n'avait-il pas bravé une épreuve bien plus terrible encore?

Le 5 août au matin, la flotte franchissait la barre extérieure et gouvernait directement vers le fort Morgan. Quatre navires cuirassés, le *Tecumseh*, le *Manhattan*, le *Winnebago* et le *Chickasaw* formaient une petite escadre avancée ayant pour mission d'engager la lutte avec les forts pendant le passage des autres bâtimens et de fondre ensuite sur le bélier *Tennessee*. Les quatorze navires de la grande escadre étaient amarrés deux par deux en un long convoi, chacun des couples se composant d'une corvette en bois et d'un *monitor* chargé de protéger son voisin par ses énormes canons et sa carapace de fer. En tête s'avançait le *Brooklyn*, accouplé à l'*Octorora*, et muni d'un appareil ingénieux pour relever les machines infernales. Le vaisseau-amiral le *Hartford* ne venait qu'en seconde ligne : c'est de là que « le vieux Farragut », attaché à la hune, étudiait son plan de bataille et donnait ses ordres à la flotte.

Le combat avait à peine commencé que le *Tecumseh*, frappé par une torpille, disparut tout à coup en entraînant son équipage dans les eaux : dix hommes seulement purent être sauvés, tant la destruction avait été soudaine. Aussitôt Farragut résolut de se porter en avant pour être le premier au danger. Il fit prendre la tête au *Hartford*, « suivi par tous les navires, dont les officiers croyaient marcher à une noble mort avec leur commandant en chef », et se dirigea hardiment vers le milieu du chenal, dans l'espoir qu'un long séjour sous l'eau aurait rendu les torpilles inoffensives. En effet, toute la flotte, s'enveloppant de fumée et couvrant les fortifications ennemies de mitraille et d'obus, réussit à franchir la barre intérieure et à gagner les eaux de la rade, hors de la portée des boulets du fort Morgan. Aussitôt le combat s'engagea entre les deux escadres. Les petits navires confédérés ne résistèrent pas longtemps : le *Selma*, vivement poursuivi par le *Metacomet*, dut amener son pavillon, le *Gaines* alla s'échouer sur un banc de sable, le *Morgan*, abandonnant le théâtre du combat, réussit à s'échapper; mais le bélier *Tennessee* ne craignit point de soutenir la lutte, seul contre toute la flotte fédérale. Désireux de couler tout d'abord le vaisseau-amiral, il s'élance sur le *Hartford*, mais celui-ci évite son adversaire. De leur côté les navires fédéraux font feu de tous leurs canons et se précipitent vers le *Tennessee* pour le couler de leurs proues. Le *Monongahela* est le premier à frapper le monstre, mais il brise par le choc son éperon de fer sans entamer la cuirasse de l'ennemi. A son tour, le *Lackawanna* heurte le flanc du bélier confédéré, mais il ne réussit qu'à le soulever à demi hors de l'eau, et du même coup il démolit en partie son propre taille-mer. Le *Hartford* frappe en troisième lieu, mais d'un coup de gouvernail le *Tennessee* se déplace; le navire de Farragut glisse obliquement le long de la masse de fer et lance toute sa bordée de boulets pleins à moins de trois mètres de distance. Les parois du bélier semblent invulnérables; seulement un énorme projectile du quatrième assaillant, le *Manhattan*, perce la cuirasse de fer et les membrures de chêne, toutefois sans pénétrer dans le bâtiment lui-même. Alors Farragut ordonne à tous les *monitors* qui l'entourent de reprendre leur élan et de courir à la fois sur le *Tennessee*; durant cette manœuvre, le *Lackawanna* se heurte contre le *Hartford* et manque le couler; mais les deux vaisseaux se dégagent et se lancent de nouveau à toute vapeur contre leur adversaire. Enfin le *Tennessee*, pressé de toutes parts, amène son pavillon. Tous ces chocs répétés et la canonnade continuelle avaient causé dans l'intérieur du navire plus de désordre que l'aspect de la cuirasse n'eût pu le faire supposer. Les chaînes du gouvernail étaient brisées, plusieurs sabords ne pouvaient plus s'ouvrir ni se fermer, les casemates étaient remplies d'une irrespirable fumée, et l'amiral Buchanan avait la jambe emportée. Ce combat mémorable de toute une flotte contre un seul navire n'avait pas duré moins d'une heure et quart; 240 morts et blessés encombraient les entre-ponts ensanglantés des navires fédéraux.

La victoire était chèrement achetée, mais elle était des plus importantes à tous les points de vue et surtout au point de vue moral. Non-seulement elle donnait à la république la possession incontestée de la grande baie de Mobile, fermait à tout jamais ce chemin aux croiseurs confédérés et rendait au gouvernement de Washington le libre usage de toute une flotte de blocus, elle exaltait aussi la confiance des marins en eux-mêmes et en leurs chefs, et portait le découragement dans les garnisons et les armées de tout le sud-ouest de la confédération. Quelques jours après la capture du *Tennessee*, le fort Powell fut évacué, et les forts Morgan et Gaines, investis par les troupes fédérales de débarquement, se rendirent sans combat avec tous leurs approvisionnemens et leurs munitions de guerre.

Le triomphe de l'amiral Farragut n'était pas le seul dont la marine américaine eût alors à se glorifier. Quelques semaines auparavant, un autre combat beaucoup moins important avait eu un retentissement au moins égal à cause de la célébrité de l'un des deux navires aux prises et des circonstances dramatiques dans lesquelles la lutte avait eu lieu. Ce combat était celui de la corvette fédérale le *Kearsarge* et du fameux corsaire anglais l'*Alabama*, qui, sous les couleurs confédérées, avait porté la terreur dans tous les parages de l'Atlantique, en brûlant et en coulant par dizaines les paisibles bâtimens de commerce des armateurs américains. Toutefois l'*Alabama* n'avait ajouté aucun haut fait militaire à la liste de tous ses exploits de pirate; une seule fois il avait osé lâcher une bordée sur un vaisseau de guerre de l'Union, mais au milieu de la nuit et après s'être traîtreusement annoncé comme un vaisseau fédéral. Le capitaine Semmes, commandant du corsaire, voulut enfin se laver du reproche qu'on lui faisait de ne savoir combattre que les faibles. Se trouvant dans le port neutre de Cherbourg, tandis que le *Kearsarge*, commandé par le capitaine Winslow, veillait à une certaine distance au large, il provoqua son adversaire et lui proposa de se battre en pleine mer jusqu'à ce que l'un des deux navires fût coulé. Il espérait que l'issue de ce duel relèverait à la fois sa propre gloire et celle du pavillon confédéré.

L'*Alabama* sortit du port le 19 juin, à neuf heures et demie du matin, après avoir fait tous ses préparatifs de combat. Aussitôt le *Kearsarge* se dirigea vers la haute mer, afin que les autorités françaises n'eussent dans aucun cas à se plaindre d'une violation des eaux nationales, et ne s'arrêta qu'à 12 kilomètres environ de la digue de Cherbourg. En même temps, la frégate cuirassée la *Couronne* s'avançait jusqu'aux limites conventionnelles de la juridiction française pour assister de loin aux péripéties de la lutte. Soudain le *Kearsarge* change de direction et se porte à toute vapeur contre l'*Alabama* dans l'intention de le couler. Il reçoit une première bordée, une seconde, puis une troisième, sans s'arrêter dans sa course; mais à 800 mètres environ de son adversaire le commandant du *Kearsarge* comprend que le capitaine Semmes veut à tout prix éviter un abordage. Il fait alors tourner son navire pour lâcher sa bordée et le combat commence. Les deux corvettes sont égales en force : elles ont à peu près le même tonnage et le même nombre de marins; l'*Alabama* porte huit canons, le *Kearsarge* en a un de moins; en outre, comme il n'est chargé que d'une faible quantité de charbon, ses flancs s'élèvent beaucoup plus hors de l'eau que ceux de l'*Alabama*, et pour les protéger le capitaine Winslow a dû les blinder extérieurement en les recouvrant en partie de ses chaînes d'ancre. Sur les hauteurs de Cherbourg des milliers de spectateurs cherchent à distinguer les évolutions des deux navires, tandis que sur la mer plusieurs embarcations viennent assister de plus près au spectacle, heureusement si rare, d'un combat naval. Les sympathies générales de la foule étaient, il faut l'avouer, en faveur du corsaire, tant les déclamations d'une certaine presse et de mesquines jalousies nationales avaient réussi à pervertir en certains endroits l'opinion publique.

A peine la lutte avait-elle commencé que l'*Alabama* cherchait à s'enfuir vers les eaux françaises; mais le *Kearsarge* se place au-devant du corsaire pour en raser à coups de canon les mâts et les agrès; l'*Alabama* évite ce péril en présentant le flanc; mais le vaisseau fédéral tourne autour de lui et le force à exécuter de son côté une série de mouvemens circulaires. En décrivant cette double spirale, les deux navires ne cessèrent leur canonnade. L'*Alabama* lança 370 coups de canon, le *Kearsage* 173 seulement; mais ses coups, mieux dirigés, produisirent un effet terrible; un seul boulet démonta un canon et mit 18 hommes hors de combat. En moins d'une heure, le corsaire commençait à sombrer; le pavillon confédéré fit place au drapeau blanc; les matelots qui restaient encore de l'équipage descendirent en hâte dans les canots de sauvetage, et bientôt le navire plongea par l'arrière en redressant sa proue. Le *Kearsarge* recueillit un certain nombre de fuyards; mais un bâtiment anglais, le yacht de plaisance *Deerhound*, qui se trouvait à proximité des combattans, reçut à son bord la plupart des matelots de l'*Alabama* et refusa de les rendre au commandant Winslow comme prisonniers de guerre. Construit par des armateurs anglais sur un chantier anglais, le terrible corsaire avait tout reçu de la Grande-Bretagne pendant sa trop longue carrière de déprédations, et au moment où il disparaissait dans les eaux un navire anglais venait encore enlever les pirates à la juridiction fédérale.

IV. — RÉÉLECTION DU PRÉSIDENT LINCOLN, MARCHE TRIOMPHALE DU GÉNÉRAL SHERMAN, VICTOIRES DE THOMAS, DE SHERIDAN ET DE TERRY.

Agitation électorale. — Démission du secrétaire des finances. — Conventions de Cleveland, de Baltimore et de Chicago. — Candidature du général Mac-Clellan. — Élections des membres du congrès. — Réélection du président Lincoln. — Marches et contre-marches de Sherman dans le nord de la Géorgie. — Invasion du Tennessee par le général Hood. — Évacuation d'Atlanta par le général Sherman. — Marche de l'armée fédérale à travers la Géorgie. — Assaut du fort Mac-Allister. — Prise de Savannah. — Bataille de Nashville. — Destruction presque complète de l'armée rebelle du sud-ouest. — État des affaires dans le Missouri. — Prise de Chapin's-Farm et de Popler-Grove. — Canal de Dutch-Gap. — Bataille de l'Opequan. — Fuite d'Early dans les montagnes. — Les deux batailles de Cedar-Creek. — Prise de l'*Albemarle* par le lieutenant Cushing. — Échec de Butler devant Wilmington. — Prise du fort Fisher par le général Terry.

Dès le commencement de l'année 1864, les partis politiques étaient aux prises sur un champ de bataille bien plus important encore que ceux de Richmond et d'Atlanta : il s'agissait de l'élection d'un président pour une nouvelle période de quatre années.

Le peuple devait par son vote approuver ou désapprouver non-seulement la politique suivie par Lincoln, mais encore la guerre elle-même; il devait se prononcer définitivement, par la voix de son mandataire élu, sur la destinée future de la république, déclarer s'il était à bout de sacrifices et s'il consentait enfin à laisser subsister à côté de lui cette confédération de planteurs ligués pour étendre l'esclavage et fonder une féodalité dans le Nouveau-Monde. Jamais la nation américaine n'avait été convoquée dans ses comices pour un vote plus solennel. Lorsque le républicain Lincoln avait été élu pour la première fois contre les démocrates Douglas, Bell et Breckenridge, les populations du nord de l'Amérique étaient matériellement les plus prospères du monde entier, elles jouissaient d'une paix ininterrompue depuis un demi-siècle et se lançaient joyeusement dans l'inconnu en déclarant que la guerre était impossible, et que s'il y avait lutte elle se réduirait d'une part à de simples bravades et de l'autre à une promenade stratégique. En 1864, les choses avaient bien changé : les Américains connaissaient maintenant la guerre civile dans toute son horreur, des contrées entières étaient dévastées, des centaines de mille hommes étaient tombés sur les champs de bataille, le gouffre de la dette s'était creusé d'une manière effrayante, la hideuse banqueroute était aux portes. A eux de déclarer s'ils étaient las de ce terrible conflit ou s'ils voulaient encore verser leur sang et leurs millions.

Aussi l'agitation électorale, toujours si fiévreuse aux États-Unis, prit-elle des proportions inaccoutumées pendant l'année 1864, et souvent elle fit perdre de vue jusqu'à la guerre elle-même. Dès le mois de janvier les *politicians* étaient en campagne convoquant des assemblées préliminaires, publiant journaux et brochures pour recommander leur candidat; mais il fut bientôt évident que de tous les noms présentés aux suffrages populaires un petit nombre seulement seraient sérieusement discutés par les partis en lutte. Cette fois il ne s'agissait plus uniquement, comme dans la plupart des élections précédentes, de nommer un président quelconque, un homme nul ou médiocre qui consentît à se faire, pour prix de sa nomination, l'humble serviteur d'une coterie; au contraire, l'opinion publique était fermement décidée à choisir pour ce poste si considérable de premier magistrat de l'Union un citoyen éminent, qui par sa conduite antérieure eût déjà donné des gages à sa patrie.

Le général Grant, dont le nom avait été proposé aux votes de la nation par le *New-York Herald*, le journal le plus répandu des États-Unis, se hâta de décliner la candidature dès que l'agitation faite en sa faveur eut pris une certaine importance. Cet homme de guerre, aussi modeste que sensé, ne se laissa point séduire par l'espoir, fondé peut-être, de monter à son tour au fauteuil présidentiel; il comprit parfaitement que son nom avait une signification toute militaire et par cela même constituerait un véritable danger pour la république; il sentit en outre dans quelle position indélicate et fausse il se serait trouvé si chacune de ses batailles, chacune de ses manœuvres stratégiques avait été considérée comme une *réclame* électorale, et si lui, le subordonné direct de Lincoln et du congrès, s'était posé en prétendant politique. Il refusa donc nettement de laisser discuter son nom dans les conventions préliminaires et donna le conseil à ses amis de reporter leurs voix sur le président. Quant à M. Chase, le secrétaire des finances, il ne sacrifia point sa candidature d'aussi bonne grâce. Il est vrai qu'il avait l'avantage de représenter en politique les opinions de la fraction la plus avancée du parti républicain; mais en revanche il était gêné dans son ambition par le titre de secrétaire des finances qu'il devait à M. Lincoln; bien que sa réputation d'intégrité fût parfaitement établie, il devait aussi s'attendre à toutes les calomnies qui ne peuvent manquer de poursuivre un homme maniant un budget de 25 millions par jour. Il lutta cependant plusieurs mois contre les difficultés de sa position; mais bientôt la crise financière s'aggrava, les emprunts devinrent plus onéreux, et la dette s'accrut dans des proportions de plus en plus rapides. M. Chase eut alors la malheureuse idée d'inviter le congrès à restreindre le libre commerce de l'or, croyant qu'il pourrait ainsi mettre un terme à la spéculation effrénée des agioteurs; mais cette mesure fut repoussée avec juste raison. Après cet échec, M. Chase n'était plus assez fort pour lutter contre M. Seward, son rival en influence dans le cabinet; il donna sa démission le 29 juin, et quelques jours après M. Fessenden, l'un des sénateurs les plus versés dans les questions financières, lui succédait en qualité de secrétaire du trésor. La législature de l'Ohio, le propre état de M. Chase, ayant vers la même époque émis un vote favorable à la réélection du président Lincoln, il ne restait désormais plus à l'ambitieux homme d'état qu'à se désister formellement de sa candidature; en adversaire généreux et sans rancune il mit, vers la fin de la période électorale, toute son éloquence et son activité au service de M. Lincoln.

Trois grands partis politiques se trouvaient en présence dans les états du nord, chacun avec son programme et son armée d'orateurs. Les démocrates n'étaient point d'accord entre eux au sujet de la question la plus importante, celle de la paix ou de la guerre; les uns, comme Vallandigham, Cox, Long, les deux frères

Benjamin et Fernando Wood, voulaient qu'on demandât grâce aux planteurs rebelles, et peut-être espéraient-ils qu'à force de compromis et de bassesses ils réussiraient à reconstituer l'Union américaine au profit des esclavagistes du sud et du nord; les autres, beaucoup plus nombreux, se révoltaient à l'idée d'une paix honteuse et demandaient la continuation de la guerre jusqu'à victoire définitive, mais ils continuaient de révérer l'esclavage comme une institution sainte à laquelle les planteurs seuls avaient le droit de toucher, et s'unissaient avec le reste du parti pour accuser le président et le congrès d'intervention tyrannique dans les droits particuliers des états. Les républicains, plus unis que leurs adversaires, approuvaient tout simplement la marche de la guerre et des affaires en général et se déclaraient prêts à soutenir de leur mieux le gouvernement dans cette grande œuvre de la destruction de l'esclavage et de la réorganisation de la société du sud. Quant aux radicaux, ils reprochaient au président sa lenteur et sa pusillanimité; composé en majorité d'Allemands et d'autres citoyens d'origine étrangère, ce troisième parti se prononçait en faveur de l'abolition immédiate de l'esclavage dans les états loyaux; il demandait en outre une centralisation politique beaucoup plus complète et conseillait au gouvernement d'intervenir résolûment en faveur de la liberté dans toutes les graves questions agitées en Europe.

Ce dernier parti, qui du reste ne pouvait guère se faire d'illusions et qui par conséquent n'avait rien à ménager, prit les devans dans la lutte électorale. Dès le 31 mai, les délégués radicaux, pour la plupart Allemands d'origine, se réunirent en convention à Cleveland, ville importante de l'Ohio, et portèrent leurs voix sur le général Fremont et sur le général Cochrane, comme candidats à la présidence et à la vice-présidence de la république. Ces deux hommes avaient eu le tort, si c'en est un, d'être des précurseurs; ils avaient eu raison trop tôt, et dès le commencement de la guerre ils avaient compris que l'esclavage, cause unique de la rébellion, devait être frappé au cœur. Fremont avait eu l'honneur de lancer le fameux ordre du jour qui déclarait libres à toujours les esclaves des propriétaires missouriens insurgés, et Cochrane, dans un discours tenu à Washington devant les membres du cabinet, s'était adressé aux nègres en les conjurant de prendre les armes « pour leur propre liberté et celle du genre humain. » Censurés et renvoyés du service actif, ces deux officiers n'en avaient pas moins été les initiateurs d'un mouvement d'émancipation que le gouvernement était obligé de suivre, et les délégués abolitionistes, en portant leurs voix sur Fremont et Cochrane, étaient certainement les interprètes de la reconnaissance que la nation leur vouera dans l'avenir. Les deux candidats consentirent d'abord à se mettre sur les rangs; mais il devint bientôt évident que la liste radicale n'avait aucune chance de réussite, si ce n'est dans l'état du Missouri, où les abolitionistes purs étaient en majorité. A la fin du mois d'août, le général Fremont se décida enfin à imiter M. Chase et retira formellement sa candidature afin d'éviter qu'un partage des voix dans le parti de la liberté républicaine n'eût pour résultat le triomphe des complices de l'esclavage.

Quelques jours après la convention de Cleveland, les délégués républicains se réunissaient à Baltimore. Leur tâche était facile : satisfaits de la direction que le gouvernement imprimait aux affaires, ils n'avaient qu'à féliciter M. Lincoln de son respect pour la constitution et de sa constance à toute épreuve, à l'encourager dans cette conduite politique en lui offrant toutes les ressources nationales, et à le proposer au peuple comme candidat pour une nouvelle période présidentielle de quatre années. Seulement, pour satisfaire au vœu légitime de la nation qui ne voulait se laisser gouverner que par des hommes éprouvés, les délégués de Baltimore ne choisirent point pour leur candidat à la seconde magistrature de la république le vice-président en exercice, M. Hannibal Hamlin, que tous respectaient, il est vrai, à cause de sa haute probité, mais qui ne se distinguait par aucune autre qualité supérieure. Ils firent choix de M. Andrew Johnson, ancien tailleur, qui, par son amour du travail, son bon sens et son énergie, s'était élevé, comme Lincoln, à la dignité d'homme d'état, et donnait alors en qualité de gouverneur militaire du Tennessee des preuves de son patriotisme et de son intelligence politique. En outre, la nomination de M. Johnson devait être un gage de réconciliation future avec les états méridionaux, puisque par sa naissance et ses anciennes relations le candidat à la vice-présidence était un homme du sud.

Les démocrates, beaucoup plus embarrassés que les républicains à cause des dissensions de leur parti, attendirent aussi longtemps qu'il leur fut possible avant de se réunir en convention; ils espéraient sans doute que pendant l'intervalle leurs adversaires commettraient quelque faute irréparable ou bien qu'eux-mêmes réussiraient à s'entendre sur le programme politique à suivre et sur les noms à proposer au peuple. Ce fut seulement vers la fin du mois d'août que les délégués s'assemblèrent à Chicago. Les uns étaient des unionistes sincères qui avaient la naïveté de croire que les liens fédéraux pouvaient encore se renouer entre les sociétés démocratiques du nord et l'aristocratie féodale du sud; d'autres désiraient simplement qu'on fît de nouvelles tentatives en faveur de la paix avant de continuer la guerre jusqu'à épuisement complet de l'un des belligérans; d'autres encore demandaient la paix et la paix à tout prix, sans trop s'effrayer de voir un jour les États-Unis tomber sous la dictature des planteurs du sud et de leurs amis; enfin un certain nombre des prétendus démocrates étaient vraiment des traîtres à la république et se vantaient du sobriquet de serpens, *copperheads*, qu'on leur avait donné. Entre les représentans d'opinions si diverses l'entente cordiale n'était guère possible. Aussi les séances de la convention furent-elles très orageuses, et, comme on pouvait s'y attendre, le programme du parti démocratique ne fut-il qu'une vague déclamation au style ambigu, aux idées contradictoires; cependant la tendance générale du manifeste, rédigé principalement par les *copperheads*, était décidément pacifique. Habitués aux compromis par leur attitude d'autrefois devant les planteurs du sud, les démocrates se décidèrent enfin à faire transiger les diverses fractions du parti en proposant au choix de leurs amis les noms de deux hommes d'opinions différentes. La majorité des voix désigna comme candidats à la présidence et à la vice-présidence le général Mac-Clellan, un démocrate de la guerre, et M. Pendleton, un démocrate de la paix : telle est l'ingénieuse combinaison à laquelle on crut devoir s'arrêter. Le « jeune Napoléon » ne manqua pas d'accepter aussitôt l'honneur que le parti venait de lui faire; mais, dans le long manifeste qu'il publia à cette occasion, il se sépara nettement de tous les tièdes patriotes et des *copperheads* qui avaient contribué à sa nomination et protesta de son dévouement inébranlable à la cause de l'Union. Il eût été en effet par trop compromis s'il n'avait repoussé toute complicité d'idées avec Vallandigham et autres organisateurs de la société des « fils de la liberté, » qui s'était donné pour mission bien connue de briser une seconde fois le faisceau des états républicains en fondant la « confédération du nord-ouest. »

L'état d'incertitude qui ne peut manquer de précéder la période si grave d'un changement de magistrat suprême, et peut-être de politique nationale, était des plus favorables à la propagation de nouvelles absurdes, à l'éclosion de paniques soudaines, au développement de spéculations fiévreuses sur les fonds publics et sur les valeurs industrielles. Un agioteur, du nom de Howard, ne craignit même pas de lancer dans le public une fausse proclamation signée du nom de Lincoln et demandant à la nation une nouvelle armée de 400,000 hommes. D'autres spéculateurs, sans aller aussi loin, ne cessaient de répandre des rumeurs de toute espèce pour imprimer au marché financier de brusques mouvemens de hausse ou de baisse. Toutefois, plus on approchait du jour de l'élection, et plus il devenait évident que M. Lincoln serait maintenu à la tête de l'administration fédérale. Ainsi que le disait le président lui-même en son langage pittoresque : « Ce n'est pas au milieu du gué qu'on change les chevaux de la voiture. » Chose remarquable! dans plusieurs états, les démocrates eux-mêmes se virent obligés de voter une mesure que pourtant ils n'ignoraient point devoir être funeste aux espérances de leur propre parti. Les membres républicains des diverses législatures ayant demandé que le droit de suffrage fût désormais accordé aux soldats qui se trouvaient loin de leur état natal sur le théâtre de la guerre, les membres du parti conservateur n'osèrent pas tous s'opposer à cet amendement constitutionnel, dans la crainte qu'on ne les accusât d'indifférence à l'égard des volontaires qui versaient leur sang pour la patrie. Un grand nombre de démocrates votèrent donc la mesure proposée par leurs adversaires, tout en sachant bien que sur dix soldats neuf feraient certainement choix de candidats républicains. Dans presque tous les camps, la vue des chiourmes d'esclaves, la confraternité d'armes avec les soldats nègres et le désir de frapper au cœur la rébellion pour terminer plus tôt la guerre, avaient fait de la grande majorité des volontaires des abolitionistes ardens.

D'ailleurs le triomphe certain du parti républicain était présagé d'avance par le résultat de toutes les élections d'état et de tous les votes populaires. Dans le Maryland, l'amendement à la constitution abolissant définitivement l'esclavage fut rudement combattu, surtout par le clergé catholique, mais il fut enfin voté, grâce à l'appoint que les soldats absens fournirent à la minorité abolitioniste. Dans le Maine, état dont les élections ont toujours été considérées comme un indice presque certain de l'opinion générale des populations du nord, le triomphe des républicains fut complet, puis ce ne fut qu'une sucession de victoires dans chacun des autres états qui avaient à renouveler leur députation pour la session prochaine. A la fin de toutes ces élections, il se trouva que le sénat futur se composerait de 31 unionistes contre 10 démocrates, et la chambre des représentans de 131 républicains contre 37 défenseurs de l'institution servile : une majorité compacte était ainsi assurée dans les deux chambres pour l'abolition définitive de l'esclavage et pour la continuation énergique de la guerre. L'élection de Lincoln pour une deuxième période présidentielle était donc connue d'avance; cependant on ne croyait pas que le succès dût être aussi grand qu'il le fut en réalité. Le 8 novembre, jour du vote, les électeurs de vingt-deux états sur vingt-cinq firent choix de délégués ayant pour mandat impératif d'élire M. Lincoln ; trois états seulement portèrent leurs voix sur Mac-Clellan; sur ce nombre deux états, le Kentucky et le Delaware, possédaient encore des noirs, et par conséquent une aristocratie terrienne fortement constituée; l'autre état, le New-Jersey, était le boulevard du parti démocratique, principalement à cause du voisinage de la grande ville de New-York, où les Irlandais catholiques et autres complaisans de l'esclavage étaient aussi en majorité. De tous les états libres, un seul donc s'était prononcé en faveur de la paix ou d'un compromis; partout ailleurs l'opinion publique affirmait que la guerre devait être poursuivie jusqu'à la victoire définitive, et désignait pour mener cette œuvre à bonne fin l'homme qui l'avait déjà si bien commencée (1). Rarement verdict aussi solennel avait été prononcé par la nation. Le « jeune Napoléon » ne s'y trompa point : dès que la grandeur de son échec lui fut connue, il donna sa démission de général au service des États-Unis et s'exila volontairement en Europe pour y cacher son dépit. Quant aux *copperheads* qui voulaient à tout prix la ruine de l'Union, il ne leur resta d'autres ressources que le crime. Tandis que parmi eux un certain nombre se rendaient au Canada pour y organiser des expéditions de pillage contre les villes de la frontière, d'autres tramaient des conspirations contre la vie du président Lincoln et des principaux membres du gouvernement de l'Union; d'autres enfin rêvaient aux moyens de ruiner des cités entières par d'effroyables catastrophes. C'est ainsi que dans la nuit du 25 novembre, quinze jours à peine après l'élection, un jeune planteur de la Louisiane, nommé Kennedy, aidé de quelques complices, essaya de mettre le feu aux grands hôtels de New-York, ainsi qu'aux navires du port et aux chantiers de construction. Il espérait que le feu se communiquerait de proche en proche à toute la ville, et que la destruction de l'Empire-City vengerait suffisamment « les ravages des unionistes dans la vallée de la Shenandoah. »

Ainsi la force des états du nord, armées, ressources financières, crédit, était de nouveau remise tout entière aux mains du président Lincoln, et cette fois ce n'était point une simple majorité relative, un hasard du vote qui faisait de l'ancien « fendeur de bûches » le premier magistrat de la république, c'était une majorité compacte, c'était presque l'unanimité des voix : quand même les états du sud auraient pris part à l'élection pour faire pencher la balance en faveur de Mac-Clellan et de Pendleton, Lincoln n'en aurait pas moins été l'élu de la nation. Après trois années et demie d'une effroyable guerre, le peuple se déclarait plus que jamais prêt à la lutte et décidé à rétablir l'Union. Cette éclatante manifestation nationale fut

(1) Les délégués chargés d'élire Lincoln étaient au nombre de 213 contre 21 ayant pour mission de porter leurs voix sur Mac-Clellan. Le total des votes exprimés avait été de 4,011,964 voix. Lors de l'élection présidentielle de 1860, à laquelle les états du sud avaient pris part, le nombre des votes avait été de 4,680,193.

certainement un triomphe bien plus important que ne l'eût été un grand succès des armées de Sherman ou de Grant; on peut même se demander si la réélection de Lincoln ne fut pas la véritable victoire qui ôta le courage aux rebelles et leur fit tomber les armes des mains. Le fait est qu'après cet événement l'histoire de la lutte ne fut guère qu'une succession de désastres pour la cause des esclavagistes. Trompés par leurs chefs, les soldats confédérés croyaient au découragement des populations du nord et comptaient d'une manière certaine sur l'élection de Mac-Clellan: voici qu'au contraire ils apprenaient tout à coup que l'élu du peuple était Lincoln, et que les états libres, avec leur immense supériorité de ressources, étaient résolus à continuer la lutte avec le même acharnement que par le passé. Les régimens de Hood et de Lee sentirent qu'on leur demandait de lutter contre la destinée : la désertion se mit dans les rangs, et ceux qui restèrent fidèles à leur drapeau se battirent désormais avec la certitude qu'ils seraient vaincus.

Par une singulière ironie du sort, le jour même où la triomphante majorité de Lincoln portait un coup si fatal à la cause du sud, M. Jefferson Davis inaugurait la session du congrès de Richmond par un message dans lequel il se félicitait de l'heureuse situation des affaires et constatait avec gratitude que « la Toute-Puissance elle-même voulait le salut de la confédération. » Il avouait bien « quelques revers », mais aussi que de succès n'avait-il pas à énumérer : les victoires de Kirby-Smith dans le Texas et de Stirling Price dans l'Arkansas, la marche de Forrest dans le Tennessee occidental, les opérations de la cavalerie sur les derrières de l'armée de Sherman! « Il n'existe point, s'écriait le président des états rebelles, il n'existe point de partie vitale de laquelle dépende l'existence même de la confédération. Aucun triomphe de l'ennemi ne peut avoir pour résultat la destruction de notre patrie. Ni la chute de Richmond, ni celle de Wilmington, de Charleston, de Savannah ou de Mobile ne sauraient épargner à l'ennemi les flots de sang et les flots d'or qu'il ne cessera de verser tant qu'il n'aura pas compris que la seule base possible de la paix est la reconnaissance de nos inaliénables droits. » Quant à la situation financière, M. Jefferson Davis affirmait « qu'elle n'avait rien de décourageant, » en dépit de la récente banqueroute à peine déguisée, et que « grâce à une législation judicieuse » on pourrait « facilement employer les abondantes ressources du pays de manière à faire face à tous les besoins de la guerre. » Bien que toutes les affaires allassent ainsi pour le mieux, le président des états confédérés consacrait la dernière partie de son message à recommander une mesure désespérée, celle de l'armement de 40,000 noirs. Les citoyens ne suffisant plus à la défense de la patrie, il faisait appel, non pas même à des mercenaires, mais à des esclaves, car dans son opinion le nègre ne devait pas faire partie de l'armée en qualité d'homme libre; l'espoir d'un affranchissement futur devait suffire. Redoutant toutefois d'être pris pour un révolutionnaire par son auditoire de propriétaires d'hommes, M. Davis se sentit obligé d'expliquer sa proposition par de longs et subtils argumens et de poser cette thèse hardie que l'esclave « n'est pas seulement une propriété, mais aussi une personne. » En entrant dans l'armée comme personne, le noir devait, lui aussi, donner des preuves de « loyauté et de zèle », et le gouvernement avait intérêt par conséquent à « requérir, moyennant compensation, l'entière propriété du travail de l'esclave... Mais quelle serait désormais la condition de l'esclave acheté? Serait-il retenu dans la servitude? L'émancipation lui serait-elle promise en récompense de ses bons services? ou bien encore, s'il était émancipé, comment s'y prendrait-on pour le faire autoriser par les états respectifs à résider dans le pays après la fin de la guerre? Sans doute on accorderait facilement cette permission de séjour en considération de la fidélité au service, et les esclaves auraient un double motif d'accomplir leurs devoirs avec zèle, l'espérance d'être libres et le bonheur de rester sur le sol natal pour lequel les nègres ont un si fort attachement. » Ainsi, par un singulier retour des choses, M. Davis, l'un de ceux qui voulaient fonder leur société sur la « pierre angulaire de l'esclavage, » proposait à son tour, mais d'une manière bien timide et, malheureusement pour lui, près de deux années après l'édit général d'émancipation du président Lincoln, une mesure pour l'affranchissement futur de 40,000 nègres. La colère fut grande dans le camp des esclavagistes rigides, pour lesquels la servitude était une institution sainte. « L'émancipation est une punition et non une récompense, » s'écria l'*Examiner* de Richmond. Toutefois les circonstances étaient des plus graves et l'armée confédérée manquait de soldats. La mesure révolutionnaire de M. Jefferson Davis fut votée par le congrès, mais trop tard pour être d'aucune utilité, car les événemens militaires se pressaient alors si rapidement, la situation générale était si tendue qu'il devenait impossible de procéder à un travail d'organisation quelconque.

Aux approches du jour de l'élection, la guerre avait repris de plus belle, sur les bords du James-River, dans la vallée de la Shenandoah, au milieu des régions montagneuses de la Georgie et du Tennessee. Surtout les forces de Sherman, qui formaient dans les états du sud-ouest l'aile tournante de la grande armée fédérale, étaient dans un mouvement continuel de marches et de contremarches, d'assauts, de combats et de batailles. Vers le 24 septembre, lorsque l'armistice proposé par Sherman pour rendre moins pénible le renvoi des habitans d'Atlanta eut pris fin, le général Hood, cessant de faire face aux fédéraux du côté du sud, avait rapidement déplacé ses forces vers l'ouest, afin de tourner la position de son adversaire : suivant le langage des journaux du sud, il voulait à son tour « flanquer le grand flanqueur. » Grâce à la disposition des chaînes de montagnes de l'Alabama, se dressant comme des remparts parallèles à l'ouest des lignes de communication des unionistes, il pouvait en effet se glisser inaperçu vers tous les points qu'il désirait atteindre et faire manœuvrer sa cavalerie sur les derrières de Sherman, tout en restant assez rapproché d'elle pour qu'elle pût revenir à temps quand il en aurait besoin. Il est vrai que par ce mouvement Hood découvrait tourt l'intérieur de la Georgie et les villes de Macon et d'Augusta, occupées seulement par des milices indisciplinées; mais il se disait, avec une apparence de raison, que le général unioniste, aventuré déjà si loin en plein pays ennemi, n'oserait pas se hasarder à une distance plus grande encore de sa base d'opérations.

Sherman comprit parfaitement la stratégie de son bouillant adversaire et prit ses mesures en conséquence. Il commença par envoyer à Nashville toute l'armée du Cumberland, sous les ordres de Thomas, le meilleur de ses lieutenans, afin que chaque extrémité du chemin de fer si important de Nashville à Atlanta fût transformée en un boulevard inexpugnable d'où les forces pourraient rayonner vers les points menacés. De fortes garnisons, laissées dans les principales stations intermédiaires, telles que Chattanooga et le col d'Allatoona, où d'immenses approvisionnemens avaient été entassés pour les troupes, reçurent l'ordre de se maintenir à tout prix, même contre une armée entière, et d'être sans cesse au guet pour donner immédiatement l'éveil à l'approche de l'ennemi. Quant aux détachemens plus faibles cantonnés dans les localités moins importantes de cette grande ligne, il leur fut enjoint de se tenir toujours prêts à évacuer leurs positions pour se replier sur les places fortes, mais, s'ils devaient être investis, de se défendre jusqu'à la dernière extrémité. Sherman lui-même, à la tête de troupes d'élite, gardait à l'ouest les abords de la voie ferrée, pour déjouer les mouvemens de l'ennemi et le tenir en échec partout où il se présenterait en force.

La première tentative des confédérés contre le chemin de fer d'Atlanta fut des plus malheureuses. Un corps de 7,000 hommes environ, commandé par le général French, apparut le 5 octobre devant la position retranchée du col d'Allatoona, que Sherman lui-même avait eu tant de peine à conquérir quelques mois auparavant, et par une attaque soudaine tâcha de s'emparer des retranchemens de la place; mais le résultat prouva une fois de plus que le succès d'un assaut livré contre des fortifications régulières et bien défendues est presque impossible. Du haut de son observatoire du mont Kenecsaw, le général Sherman put assister à la terrible défaite des confédérés. Après cette tentative désastreuse qui lui avait coûté plus d'un millier d'hommes, le général Hood se contenta de faire attaquer les postes de moindre importance, tels que Rome et Dalton, mais ses troupes n'étant pas en nombre pour occuper solidement ces places et craignant toujours d'être prises entre deux feux se hâtaient d'évacuer chaque village aussitôt après l'avoir conquis. Les dommages faits aux chemins de fer par la cavalerie de Wheeler et de Forrest étaient si peu considérables et si vite réparés que le plus souvent Sherman apprenait en même temps le passage des colonnes ennemies et la réparation des dégâts qu'elles avaient faits. Jamais les communications de l'armée d'Atlanta ne furent sérieusement compromises.

Cependant on commençait à s'inquiéter dans les états du nord de toutes ces marches et contre-marches. On craignait que la position d'Atlanta ne devînt à la fin tout à fait intenable et que Sherman, épuisé par des luttes incessantes sur sa longue ligne de communication, ne fût obligé de battre en retraite, ainsi que Johnston l'avait fait en sens inverse, ou de se laisser assiéger à son tour dans Atlanta, comme naguère le général Hood. D'ailleurs Sherman n'était pas homme à communiquer ses plans, et l'on ne savait vraiment que penser de cette espèce de jeu de cache-cache auquel les deux adversaires jouaient dans les montagnes de la Georgie et de l'Alabama. Parfois, quand les fils télégraphiques étaient rompus, les rumeurs les plus sinistres se propageaient dans les villes du nord : on disait que l'armée de Sherman était entièrement coupée de sa ligne de retraite, qu'Atlanta était évacuée par les fédéraux, que de nombreuses garnisons avaient été faites prisonnières ou passées au fil de l'épée. Tout à coup on apprit, à n'en pouvoir douter, que le général Hood, après s'être jeté par une marche rapide à une grande distance à l'ouest de l'armée de Sherman, essayait de franchir la rivière Tennessee près de la ville fortifiée de Decatur et faisait face du côté du nord aux troupes du général Thomas. En même temps le télégraphe annonça que les soldats de Sherman, au lieu de poursuivre les confédérés, s'étaient subitement retirés à l'est vers Atlanta; qu'ils avaient détruit de leurs propres mains le chemin de fer qui les mettait en communication avec le nord, puis qu'ils avaient fait sauter les arsenaux et les grands édifices de toutes les stations importantes, et, perdus, pour ainsi dire, au milieu de l'espace immense, avaient disparu dans l'intérieur de la Géorgie, allant on ne sait où. Une grande anxiété, pleine d'espoir pour les uns, de frayeur pour les autres, s'empara de tous les esprits : on pressentait que ce mouvement imprévu de Sherman amènerait quelque chose de grand dans l'histoire de la guerre et de l'Amérique elle-même.

Depuis longtemps, et sans doute depuis que Grant était général en chef de l'armée fédérale, Sherman avait concerté avec lui le plan hardi qu'il mettait si habilement à exécution. C'est afin de mieux garder le secret de ses opérations qu'il avait été obligé de faire d'Atlanta une place exclusivement militaire; c'est pour cela qu'il avait longtemps suivi Hood au nord, puis à l'ouest, vers les bords du Tennessee, et qu'il l'avait ainsi écarté du chemin que lui-même voulait s'ouvrir dans la direction de l'Atlantique. Tout en jouant à cette espèce de jeu stratégique dans les montagnes de l'Alabama, Sherman ne cessait de préparer en secret son expédition, d'amener des vivres dans Atlanta, de réunir ses convois, de discipliner une partie de son armée en vue de la grande marche prochaine. Lorsqu'il lui sembla que le général Hood avait complétement donné dans le piége et se trouvait désormais trop loin du côté de l'ouest pour avoir le temps de lui barrer la route, il retira précipitamment le rideau de troupes qui lui avait servi à cacher son plan de campagne, et brisa derrière lui les chemins de fer et les ponts par lesquels l'armée de Hood aurait pu le poursuivre. De son côté le général confédéré, aidé par Beauregard, conseillé par Jefferson Davis lui-même, qui était venu de Richmond pour enflammer le zèle des Georgiens et relever la cause esclavagiste, s'occupait d'un mouvement analogue dans la direction du nord : au lieu d'en venir aux mains, les deux armées ennemies se tournaient le dos et marchaient résolûment en sens inverse. Ce spectacle stratégique était d'autant plus étrange que, vu l'énormité des espaces à franchir, il ne s'agissait de rien moins que de mettre entre les belligérans une distance de 1,000 kilomètres. Sherman marchait vers l'Atlantique, Hood voulait pénétrer dans le Kentucky et gagner les bords de l'Ohio. Seulement le premier savait qu'il rencontrerait en route à peine quelques faibles corps de milice georgienne et qu'en arrivant au rivage de l'océan il rouvrirait immédiatement ses communications avec le nord par le moyen de la flotte fédérale, tandis que Hood était sûr de trouver sur son chemin une armée aguerrie et s'éloignait de plus en plus de sa base d'opérations dans les états du sud. « S'il veut marcher vers l'Ohio, je suis prêt à lui fournir des rations, » disait ironiquement Sherman avant que son adversaire eût encore pénétré dans le Tennessee. Lorsque les projets de Hood lui furent parfaitement connus, il envoya aussitôt ses adieux au gouvernement de Washington dans les termes suivans : « Hood a franchi le Tennessee. Thomas prendra soin de lui et gardera Nashville. Schofield ne le laissera point entrer dans Knoxville ni dans Chattanooga. La Georgie et la Caroline du Sud sont à ma merci et je vais frapper. N'ayez aucune inquiétude à mon sujet. Tout va bien. »

Dès le 4 novembre, les forces expéditionnaires, composées d'environ 60,000 hommes choisis parmi les meilleurs, étaient concentrées dans Atlanta. Le 9, Sherman annonçait à ses troupes qu'elles allaient entreprendre une nouvelle campagne et leur donnait toutes les instructions nécessaires pour la conduite à suivre à l'égard des populations. D'après cet ordre du jour, l'armée était partagée en deux grandes divisions, celle de droite commandée par le général Howard, celle de gauche par le général Slocum; en outre, la cavalerie de Kilpatrick était chargée d'opérer sur les flancs des colonnes en marche et de tromper l'ennemi par ses démonstrations; l'artillerie était réduite au minimum, un canon par régiment. Sans leur dire dans quelle direction il comptait se porter, Sherman ne cachait pas à ses soldats qu'ils allaient se trouver perdus en plein pays ennemi, éloignés de toute force d'appui, coupés de toutes leurs lignes de communication avec le nord, privés même de toutes nouvelles de la patrie, alarmés par tous les faux bruits qu'il plairait d'inventer aux journaux du sud. En même temps Sherman déclarait aux Georgiens qu'il épargnerait les demeures et les récoltes sur le territoire de toutes les communes où l'on n'opposerait aucun obstacle à sa marche, mais qu'il traiterait avec la plus grande sévérité les populations qui chercheraient à le retarder en coupant les ponts et en détruisant les chemins. Les troupes, emportant avec elles des rations pour une vingtaine de jours, étaient autorisées à requérir des vivres frais pour eux-mêmes et des fourrages pour les chevaux, mais elles devaient avoir soin de ne point affamer les habitans et de délivrer des reçus pour les provisions saisies. Quant aux nègres capables de porter les armes, on pouvait les enrôler sur les plantations et grossir ainsi les rangs de l'armée à mesure qu'elle s'avançait vers la mer.

Le 12 novembre, les communications de Sherman avec le nord furent définitivement rompues, et les fédéraux se mirent en route vers le centre de la Georgie, abandonnant la ville fumante d'Atlanta dont les édifices, que l'ennemi aurait pu utiliser, avaient été livrés aux flammes. De quel côté l'envahisseur allait-il se porter? Marchait-il au sud vers Mobile ou Pensacola, à l'est vers Savannah ou Charleston, au nord-ouest vers les champs de bataille de la Virginie? On n'en savait rien. De faibles corps de milice, démoralisés d'avance, se réunissaient au hasard sur les points divers que l'on croyait menacés; mais, en dépit des objurgations de Beauregard, il n'y eut nulle part de soulèvement national contre les armées du nord : on se sentait vaincu d'avance. Tandis que les rares défenseurs de la Georgie hésitaient sur le parti qu'ils avaient à prendre, les forces de Sherman marchaient en moyenne de 25 kilomètres par jour. Deux grandes lignes de chemins de fer appartenant à diverses compagnies se dirigent d'Atlanta vers Savannah en traversant les contrées de la Georgie les plus riches en manufactures et en productions agricoles. L'une de ces voies, se développant d'abord du côté de l'est, gagne la ville importante d'Augusta, dont les confédérés avaient fait un de leurs principaux arsenaux, puis se recourbe vers le sud et le sud-est et descend à Savannah en suivant le cours de la rivière Ogeechee; l'autre chemin de fer, formant avec le premier sur la plus grande partie de son parcours une espèce de parallélogramme, est tracé dans la direction du sud-ouest jusqu'à la ville de Macon, située près du centre de l'état, puis se replie vers l'est pour se confondre avec l'autre ligne ferrée à la station de Millen. C'est par le tracé même et par les villes voisines de ces deux grandes artères de la Georgie, éloignées en moyenne de 80 kilomètres l'une de l'autre, que les armées de Sherman étaient chargées d'avancer. La droite marchait au sud vers Macon tandis que la gauche menaçait Augusta, et cependant les deux divisions, protégées par leur cavalerie, pouvaient au premier avertissement se réunir l'une à l'autre, soit pour défendre leurs convois placés entre les deux lignes, soit pour déloger l'ennemi de quelque position importante.

On apprit par les journaux du sud que la division Howard avait évité la ville solidement fortifiée de Macon, puis qu'elle s'était brusquement rejetée à l'est vers Milledgeville, capitale de l'état, et l'avait occupée sans coup férir en dispersant les membres de la législature georgienne et les employés de l'administration. Plus tard, les journaux du sud, obéissant à un mot d'ordre, ne parlèrent plus que de prétendues défaites qui auraient été infligées à Sherman au passage des fleuves ou à la traversée des terrains inondés. On commençait à s'inquiéter dans le nord de tous ces bruits sinistres, lorsqu'on apprit, à n'en pouvoir douter, que les cavaliers de l'armée fédérale opéraient déjà leur reconnaissance dans le voisinage de Savannah et que les marins de la flotte d'observation avaient aperçu de loin la bannière étoilée. L'expédition de Sherman avait réussi, et réussi d'une manière splendide. La marche de 600 kilomètres en plein pays ennemi, loin de toute ligne d'approvisionnemens, s'était terminée au jour annoncé d'avance, et les vaisseaux de l'Union s'étaient trouvés exactement au lieu du rendez-vous. Ainsi que le disait Sherman lui-même dans sa première dépêche envoyée au secrétaire de la guerre, la promenade de son armée avait été « des plus agréables. » Tout avait été pour le mieux dans cette expédition que les partisans de la sécession comparaient à une « retraite de Moscou. » La saison avait été charmante; quelques pluies étaient tombées, mais elles n'avaient fait qu'affermir le sol sablonneux; les soldats, pourvus de vivres en abondance, avaient pu ajouter à leurs rations réglementaires les produits si divers des plantations georgiennes. Les nègres avaient servi de guides, tandis que les milices de l'état, les détachemens de cavalerie de Wheeler et les rares troupes régulières qui se trouvaient à la disposition des autorités confédérées, ne s'étaient présentées devant Macon, au passage de l'Oconee, de l'Ocmulgee et de l'Ogeechee, que pour se faire battre et grandir ainsi la gloire du vainqueur. Afin de protéger ses derrières contre toute attaque, l'armée de Sherman avait détruit à loisir plus de 350 kilomètres de chemins de fer, elle avait pu en outre faciliter sa marche en renouvelant tous ses attelages et en remontant sa cavalerie. Lorsqu'elle arriva enfin en vue de la mer, vingt-sept jours après être sortie d'Atlanta, elle était en meilleur état qu'au moment du départ. Bien plus, elle s'était augmentée en route de 4,000 hommes, 4,000 nègres de choix, fiers d'être devenus des hommes libres. En outre, les troupes de Sherman amenaient un millier de prisonniers recueillis çà et là dans les escarmouches. Malheureusement l'armée du nord n'avait pu dans sa marche rapide accueillir tous les nègres fugitifs qui demandaient à la suivre. Plusieurs milliers de ces malheureux, vieillards, femmes et enfans, s'épuisèrent à suivre les gens du nord, dans lesquels ils voyaient des libérateurs, et tombèrent de lassitude le long des sentiers. Les dégats de toute nature commis inutilement par les soldats dans cette courte campagne furent effrayans. D'après le rapport de Sherman, « ils se conduisirent en général aussi bien qu'on pouvait l'espérer d'une foule armée; mais ils firent pourtant bien des choses qu'ils n'auraient pas dû faire. Ils avaient détruit des richesses pour une valeur d'environ 500 millions de francs, dont les quatre cinquièmes sans nul profit pour l'armée. La guerre est terrible, ajoutait Sherman, et les Georgiens ont malheureusement appris à en connaître la triste réalité. »

Arrivé le 10 décembre en vue de Savannah, le général Sherman, sûr d'établir bientôt ses communications avec la flotte de Dahlgren et les troupes de Foster, ne s'attarda pas à gagner la mer. Il se porta aussitôt sur la rivière Savannah, en amont de la ville, coupa le chemin de fer de Charleston, ainsi que toutes les routes rayonnant vers l'ouest et le midi. Désormais Savannah, privée de ses voies ferrées et fluviales, menacée à l'est par la flotte de l'Union, ne pouvait plus être ravitaillée, et la garnison était condamnée à évacuer la place tôt ou tard. Alors seulement Sherman s'occupa d'assurer ses propres communications avec la mer et les états du nord en s'emparant du fort Mac-Allister qui commande l'embouchure de la rivière Ogeechee, et qui seul empêchait les navires fédéraux de remonter jusqu'au camp de Sherman. Le 12, trois colonnes d'assaut, commandées par le général Hazen, enlevèrent rapidement, avec ses 200 défenseurs et ses vingt-trois canons de gros calibre, cet ouvrage formidable que plusieurs navires cuirassés avaient attaqué vainement deux années auparavant, et le soir même Sherman et ses compagnons d'armes pouvaient serrer la main aux marins de la flotte. Sept jours après, le général confédéré Hardee, craignant d'être capturé lui-même avec ses 15,000 hommes, évacua la place de Savannah, où l'armée fédérale trouva 38,500 balles de coton, cent cinquante pièces d'artillerie et un matériel de guerre très considérable. Ainsi la confédération esclavagiste était percée de part en part, des bords de l'Ohio aux rivages de l'Atlantique. La perte de Savannah, la troisième ville des états du sud par le nombre de ses habitans, ne constituait pas seulement une humiliation profonde pour les chefs de la rébellion, elle enlevait en même temps aux rebelles tout moyen de communiquer stratégiquement avec le littoral de la Georgie, la Floride et les autres états du sud-ouest. Ayant désormais pour point d'appui une grande cité autour de laquelle rayonnent plusieurs chemins de fer et dont le territoire est arrosé par de larges fleuves navigables jusqu'à des centaines de kilomètres de leur embouchure, les fédéraux pouvaient maintenant retrancher plusieurs états du théâtre de la grande guerre et le réduire au territoire des deux Carolines et de la Virginie méridionale. L'armée de Sherman se retournait vers le nord et coopérait ainsi avec les forces de Grant. Profonde devait être l'inquiétude de Lee en voyant de loin le hardi Sherman accourir à l'aide du terrible adversaire qui le tenait assiégé.

Tandis que l'expédition des unionistes à travers la Georgie se terminait d'une manière si brillante, celle des confédérés dans le Tennessee aboutissait à un désastre. Thomas, se conformant sans doute aux ordres reçus, avait fait replier successivement toutes ses forces d'avant-garde pour attirer l'ennemi plus loin de sa base d'opérations. Decatur, Athens, Pulaski, et les autres stations fortifiées du chemin de fer central de l'Alabama à Nashville, avaient été évacuées; le Tennessee, l'Elk-River, le Duck-River, avaient été franchis par les troupes du général Hood sans forte opposition de la part des fédéraux. Le 30 novembre, le général Schofield s'enfermait dans la petite ville de Franklin, à une vingtaine de kilomètres au sud-ouest de Nashville, et se fortifiait en toute hâte afin d'arrêter pendant un jour la marche précipitée des gens du sud. Suivant sa tactique habituelle, le général Hood lança la plus grande partie de ses forces disponibles, près de 20,000 hommes, contre un seul point des lignes fédérales. La première attaque fut irrésistible, les retranchemens extérieurs furent emportés, mais ce ne fut que pour un moment. Des renforts arrivèrent bientôt, la ligne des unionistes se reforma, puis se reploya autour des assaillans et fit rendre les armes à 1,200 d'entre eux. Toutefois Hood, qui ne désespérait jamais du succès, ne cessa d'ordonner de nouveaux assauts jusque dans la nuit, et sacrifia devant les retranchemens de Franklin le cinquième de son armée et cinq de ses généraux. Le lendemain, lorsque Schofield se fut replié vers Nashville où se concentraient toutes les forces commandées par Thomas, l'intrépide Hood, emporté par sa fougue irréfléchie, ne craignit pas de se lancer encore à la suite des fédéraux. Campé non loin de Nashville, il donna au monde ce spectacle étonnant d'une armée, vaincue la veille, assiégeant des forces bien supérieures en nombre, que protégeaient des fortifications régulières, ainsi qu'une flotte de navires montant et descendant le fleuve. Quant au général Thomas, il laissait l'ennemi s'approcher afin de l'écraser plus sûrement.

Les pluies torrentielles retardèrent de plusieurs jours les opérations décisives des fédéraux, et pendant ce temps un détachement de 2 ou 3,000 hommes du sud franchissait le Cumberland et parcourait triomphalement les campagnes du Kentucky. Enfin, le 15 décembre, la bataille commença. Les forces de Hood étaient disposées en demi-cercle au sud et à l'ouest de Nashville, à cheval sur cinq grandes routes qui rayonnent autour de la cité. Le chemin de Franklin, le plus oriental des cinq, était très solidement fortifié, car c'est là que le chef des confédérés attendait l'attaque. Thomas encouragea d'abord son adversaire dans cette illusion en massant contre la route de Franklin des troupes considérables et une puissante artillerie; mais ce n'était là qu'une feinte, et tandis que Hood empruntait en toute hâte des régimens au centre et à la gauche pour consolider son aile droite, le corps fédéral du général Smith longeait les bords du Cumberland, puis, se précipitant par une étroite ouverture que les confédérés avaient laissée entre eux et le fleuve pour éviter le feu des canonnières du nord, prenait en flanc l'extrême gauche de Hood et la mettait en déroute. Bientôt après ce fut le tour du centre; attaqué de face par le corps de Wood, menacé en flanc par Smith, il s'enfuit également, et se replia sur les troupes qui défendaient la route de Franklin. Derrière les fuyards s'élançait toute l'armée unioniste : aussi les défenseurs des retranchemens élevés le long de la route ne tinrent-ils pas longtemps contre les 30,000 assaillans et s'échappèrent-ils en désordre. La nuit protégea leur retraite.

Cependant le valeureux Hood ne voulut pas croire à sa défaite, et pendant la nuit du 15 au 16 il s'occupa de rétablir ses lignes rompues et d'élever de nouveaux retranchemens à l'est des précédens. Ce fut en vain, ses soldats démoralisés ne tinrent pas contre l'élan des fédéraux; attaqués sur cinq points à la fois, ils ne résistèrent avec acharnement que sur un seul; mais sur ce point même, croyant avoir assez fait pour l'honneur de la cause, ils finirent par lâcher pied, et le soir Hood, vaincu à la fin, était en pleine retraite à travers la pluie, la neige et la boue des chemins défoncés. Il était entré dans le Tennessee à la tête de 35 à 40,000 hommes, il en sortit avec un ramassis de 15 à 20,000 fuyards, dénués de tout, sans artillerie et presque sans armes. Dix-huit de ses généraux étaient morts ou tombés au pouvoir des unionistes. Nombre de soldats abandonnaient les rangs, soit pour se rendre comme déserteurs dans l'armée fédérale, soit pour retourner auprès de leurs familles, soit encore pour entrer dans l'une des bandes de brigands qui parcouraient l'état. Thomas poursuivait vivement l'ennemi en recueillant chaque jour de grandes quantités de matériel de guerre et des centaines de traînards. Si l'arrivée des pontons du général Thomas n'avait pas été retardée par un malentendu, peut-être eût-il réussi à franchir le Duck-River et le Tennessee avant la masse des fuyards et à capturer du coup les restes de la vaillante armée qui naguère avait si bien défendu la place d'Atlanta. Quoi qu'il en soit, chaque tentative en vue d'une nouvelle campagne était désormais interdite aux confédérés dans toutes les contrées qui s'étendent à l'ouest des Alleghanys.

Au-delà du Mississipi, le général Stirling Price venait de fournir une autre preuve de l'impuissance militaire de la confédération dans les états de l'ouest. Annoncé par ses amis comme un vengeur, le vieux chef missourien s'était avancé, dans la direction de Saint-Louis, jusqu'au poste fortifié de Pilot-Knob; mais le général Ewing, qui commandait ce fort, ne se retira point sans infliger des pertes très considérables aux assaillans, et Price, n'osant continuer sa route jusqu'aux bords du Mississipi, dut se replier à l'ouest vers les frontières du Kansas. Vivement poursuivi par les troupes du général Rosecrans, il s'était trouvé pris, non loin de Kansas-City, entre les troupes de Blunt et de Custis venues du Kansas, et celles de Pleasanton accourues de Saint-Louis. La terrible défaite qu'il subit dans cette journée mit un terme à sa promenade militaire. De même que Hood, Price avait dû s'enfuir précipitamment vers le sud avec les débris de son armée, que harcelaient et décimaient au passage de chaque rivière les infatigables cavaliers de Pleasanton.

Si la guerre était virtuellement finie dans la partie occidentale de l'immense théâtre des hostilités, elle marchait rapidement vers son terme dans la partie orientale, c'est-à-dire dans la Caroline du Nord et la Virginie. Là, Grant resserrait graduellement ses lignes autour de Petersburg et de Richmond, tandis que d'autres généraux allaient frapper au loin les voies de communication par lesquelles l'armée de Lee et la capitale de la confédération esclavagiste pouvaient se ravitailler et resserraient ainsi peu à peu le cercle de fer où devait s'étouffer la rébellion.

Après les grandes batailles de la fin du mois d'août, qui avaient assuré aux fédéraux la possession incontestée du chemin de fer de Petersburg à Weldon, le général Grant continua ses opérations d'investissement avec la même énergie patiente que par le passé. Sa ligne de circonvallation, l'ouvrage militaire de ce genre le plus considérable qui ait été construit, était devenue si forte, grâce à sa double et triple rangée de retranchemens et à son chemin de fer de ceinture, qu'une garnison de 30 à 35,000 hommes suffisait désormais pour la défendre contre toute attaque. Le développement de cette ligne n'était pas moindre de 10 kilomètres; mais il fallait encore la prolonger au sud-ouest et à l'ouest de Petersburg jusqu'au fleuve Appomatox et traverser ainsi la chaussée de Boyndton et le chemin de fer de Petersburg à Danville, connu sous le nom de *South-side railroad*. C'est à cette œuvre que Grant employait sans relâche toute la partie disponible de son armée. Chaque semaine, parfois chaque jour ses troupes avaient à livrer de nouveaux combats pour faire quelque progrès vers le fleuve; mais les confédérés veillaient aussi et souvent rejetaient les unionistes dans leurs retranchemens après leur avoir fait éprouver des pertes considérables. Chaque pas s'achetait au prix de sanglantes hécatombes.

La feinte habituelle de Grant était de menacer directement la ville de Richmond par une attaque sur les fortifications de la rive septentrionale du James-River et d'obliger ainsi le général Lee à déplacer rapidement une partie de la garnison de Petersburg pour sauver la capitale. Afin de tenir constamment l'ennemi sur le qui-vive, Grant avait fait élever sur cette rive du James des travaux de défense aussi considérables que ceux de la rive opposée; en outre, il avait autorisé le général Butler à percer l'isthme de Dutch-Gap entre deux méandres du fleuve et à livrer ainsi un chemin aux canonnières fédérales pour tourner en amont d'importantes fortifications. De continuelles escarmouches avaient lieu aux avant-postes; toutefois Lee ne s'en effrayait pas, car il ne voyait dans ces opérations de son adversaire que des ruses destinées à cacher les manœuvres plus redoutables dirigées aux abords de Petersburg contre ses voies de communication. Cette confiance aurait pu lui coûter cher, car dans la matinée du 29 septembre les deux corps fédéraux d'Ord et de Birney, transférés secrètement sur la rive septentrionale du James-River, emportèrent d'assaut la première, puis la deuxième ligne des ouvrages extérieurs de Richmond, se logèrent solidement dans les forts de Chapin's-Farm, qui faisaient face au redoutable fort Darling, et ne s'arrêtèrent que devant une troisième ligne de retranchemens, à une dizaine de kilomètres du centre de la ville. Dans cette journée, les régimens de nègres firent l'admiration des autres troupes par leur bravoure et leur persévérance; le général Butler les félicita publiquement de leur conduite et les donna en exemple au reste de l'armée.

Apprenant à ses dépens que les opérations tentées directement contre Richmond pouvaient être sérieuses, le général Lee se hâta de transférer une partie considérable de ses troupes à l'extrême gauche; mais Grant saisit justement cette occasion pour porter un nouveau coup à l'extrémité opposée des lignes ennemies. Le lendemain de la bataille de Chapin's-Farm, plusieurs divisions fédérales s'avancèrent vers les retranchemens de Poplar-Grove (bouquet de peupliers), qui défendaient au sud le chemin de fer de Southside. Deux rangées de fortifications tombèrent en leur pouvoir, les unionistes échouèrent devant la troisième après un combat sanglant, mais ils n'en avaient pas moins abrégé de moitié la distance qui les séparait précédemment de la voie ferrée, et le terrain conquis fut bientôt transformé en une citadelle imprenable. Ainsi, grâce à la supériorité de ses forces, Grant pouvait toujours inquiéter son vigilant adversaire et lui faire accepter la bataille sur le terrain qu'il lui plaisait de choisir. Chaque feinte du commandant de l'armée fédérale pouvait devenir une tentative sérieuse, et causer, par surprise, la ruine définitive de la confédération.

La suppression des voies de communication autour des villes menacées devait être complétée par la destruction des greniers d'abondance dans la vallée de la Shenandoah. Cette mission avait été confiée naguère au général Siegel, puis à Hunter, mais elle n'avait point réussi, et c'était maintenant au tour du bouillant général Sheridan de tenter l'entreprise. Grant avait cru reconnaître en lui les qualités requises d'audace, de vigilance, de constance à toute épreuve, et l'avait vivement recommandé au choix du président. Sheridan, qui ne s'était fait connaître jusqu'alors que par de hardies expéditions à la tête de quelques escadrons de cavalerie, justifia bientôt la confiance qu'on avait mise en lui. Le 19 septembre, dans la matinée, il attaqua soudain le général Early, qui gardait avec plus de 20,000 hommes les gués de la rivière Opequan, affluent de la Shenandoah. Les confédérés résistèrent vigoureusement, mais ils cédèrent enfin à la fougue irrésistible des unionistes, et toutes les positions qu'ils essayèrent de défendre, des gués de l'Opequan à la ville de Winchester, sur une distance de plus de 8 kilomètres, furent successivement emportées. La nuit seule mit un terme au massacre et protégea la retraite d'Early. Son armée avait perdu près du tiers de son effectif; 3,000 hommes, parmi lesquels 6 généraux, étaient tués ou blessés, 2.500 étaient tombés au pouvoir des hommes du nord. Cette terrible défaite devait être d'autant plus sensible aux confédérés que la vallée de la Shenandoah avait été jusque-là le théâtre des plus grandes humiliations pour les armes fédérales.

Sheridan profita de sa victoire en poursuivant l'ennemi l'épée dans les reins et en pénétrant après lui dans la haute vallée de la Shenandoah. En deux endroits, à Fisher's-Hill, près de Strasburg, et à Mount-Jackson, près de New-Market, Early tenta d'arrêter la marche des fédéraux, mais ce fut en vain; dans sa course précipitée, il dut abandonner successivement toutes les fortes positions de la vallée, laisser derrière lui des milliers de traînards et de déserteurs, évacuer sans coup férir la ville de Staunton où l'armée de Lee avait d'immenses dépôts d'approvisionnemens et se réfugier à l'est dans les montagnes avec une armée diminuée de moitié. L'œuvre de destruction accomplie par Sheridan sur une longueur de près de 200 kilomètres fut vraiment terrible. Partout les soldats détruisirent les ponts et les viaducs des chemins de fer, livrèrent aux flammes les entrepôts et les usines du gouvernement confédéré, dévastèrent les champs et les granges afin de rendre l'approvisionnement de l'armée de Lee plus difficile et prévenir désormais toute invasion du Maryland et de la Pensylvanie par la vallée de la Shenandoah. Fatale nécessité de la guerre qui consiste à faire mourir de faim ceux que l'on ne peut tuer sur les champs de bataille!

Rappelé par le général Grant pour lui céder une partie de ses forces victorieuses, Sheridan commença le 6 octobre un mouvement de retraite vers Strasburg, tout en se retournant parfois pour repousser les cavaliers ennemis qui le suivaient. Cependant le général Lee, comprenant que la possession de la vallée de la Shenandoah était absolument indispensable à la défense de Richmond, ne voulut rien négliger pour reconquérir le terrain perdu, et fit partir pour la vallée de puissantes troupes de renfort sous les ordres de Longstreet, afin d'aider le général Early à reprendre l'offensive. A la même époque, Sheridan exécutait les ordres qu'il avait reçus et renvoyait à Grant une partie considérable de son armée. La situation était critique et le général unioniste le comprit. Il se hâta d'évacuer la ville trop exposée de Strasburg pour se retrancher à une faible distance au nord-est sur des talus escarpés qui dominent le confluent de la Shenandoah du nord et du ruisseau des Cèdres (*Cedar-Creek*), puis il partit en toute hâte pour demander au commandant en chef de faire rebrousser chemin aux troupes qui marchaient déjà vers les bords de la rivière James. L'absence du général Sheridan parut à son adversaire une circonstance favorable, et sans plus tarder il résolut de frapper à son tour un grand coup. L'armée fédérale était divisée en trois corps, qui s'étaient retranchés à l'est du Cedar-Creek et qui commandaient par leurs batteries tous les gués du ruisseau. La division de Crook, formant la gauche, occupait un promontoire au-dessus du confluent des deux cours d'eau. La division d'Emory campait un peu plus au nord, à l'issue d'un petit vallon, et se reliait à la division Wright, établie à la gauche de l'armée, directement à l'ouest de la petite ville de Middletown. Quant aux confédérés, on n'en voyait que de faibles détachemens de l'autre côté de la vallée, et si l'on n'avait appris par des espions qu'ils occupaient en force les environs de Strasburg, on aurait pu croire qu'ils n'avaient sur ce point que quelques bandes sans importance. Toutefois une armée était cachée dans les replis des collines, et dans la nuit du 18 au 19 octobre une de ses divisions, favorisée par la nuit et le brouillard, apparut tout à coup dans les retranchemens fédéraux de l'extrême gauche. Les régimens de Crook sont vaincus avant d'avoir pu se défendre; ils abandonnent la plus grande partie de leur artillerie, et, sourds à la voix de leurs chefs, s'enfuient en désordre vers Middletown. La division d'Emory se forme en ligne de bataille pour repousser l'ennemi; mais, attaquée de face par ceux qui viennent de mettre leurs camarades en déroute, et prise en flanc par le corps de Longstreet, qui franchit le Cedar-Creek, elle est obligée de céder à son tour en laissant plusieurs canons dans les mains de l'ennemi. Au lever du soleil, les deux tiers de l'armée sont déjà mis en fuite. La division de Wright reste maintenant seule à porter le faix de la bataille. Les régimens s'ouvrent pour laisser passer les fuyards, qui se réorganisent lentement, et, protégés sur leurs flancs par la cavalerie, ils se retirent en bon ordre vers les collines de Newtown, à 15 kilomètres environ du champ de bataille.

Il était alors dix heures du matin. Le désastre semblait irréparable. Soudain les généraux assemblés en conseil entendent un bruit de hourrahs qui s'élève et grandit, et bientôt Sheridan apparaît au milieu d'eux, sans escorte, sur un cheval tout blanc d'écume. Averti par la canonnade, il était accouru de Winchester d'un galop tellement rapide qu'aucun de ses officiers n'avait pu le suivre. En un moment il se rend compte de la situation, puis il parcourt le campement, reforme les rangs des soldats et fait promettre à ses hommes de vaincre dans la seconde bataille qui va commencer. A peine l'armée est-elle disposée de nouveau en ordre de combat que les vainqueurs du matin viennent se heurter contre elle; mais ils ne trouvent plus devant eux un ramassis de fuyards et sont repoussés avec de grandes pertes. Early, satisfait de l'œuvre de la journée, s'occupe alors d'élever au-devant de ses lignes une série de retranchemens pour camper sur le champ de bataille. Toutefois Sheridan ne lui en laisse pas le temps. Il attaque à son tour avec un formidable élan. Il descend des hauteurs comme un orage, traverse Middletown au pas de charge en poursuivant l'ennemi, escalade les retranchemens déjà commencés, précipite du haut des talus les rebelles consternés dans la vallée du Cedar-Creek, et, lançant sa cavalerie à travers les gués du ruisseau, poursuit la foule éperdue jusqu'à Strasburg, puis encore au-delà jusqu'au pied des redoutes de Fisher's-Hill. Le lendemain, Early n'osa pas même tenir dans ces formidables ouvrages, et s'enfuit vers Mount-Jackson incessamment poursuivi par les cavaliers fédéraux. La route était couverte d'armes et d'accoutremens de toute espèce; les traînards étaient recueillis par centaines; pas un seul régiment n'avait conservé son organisation, tant la terreur avait frappé l'armée rebelle. La victoire de Cedar-Creek fut décisive, et désormais les confédérés n'essayèrent plus de lutter pour la possession de la vallée. Quant à Sheridan, le vaillant général qui avait su arracher une victoire aussi éclatante du sein même de la défaite, il fut immédiatement soulevé par le flot de la popularité jusqu'au niveau de Grant et de Sherman, et le président s'empressa de lui accorder la position militaire laissée vacante par la démission du général Mac-Clellan.

Bientôt après que Sheridan eut montré ce que peut faire la volonté d'un homme pour changer la fortune et modifier à lui seul le cours de l'histoire, un autre défenseur de l'Union, le lieutenant Cushing, donna le même exemple en rendant aux États-Unis l'importante forteresse de Plymouth et la possession de toutes les eaux intérieures de la Caroline du Nord. On sait que depuis le 18 avril 1864 l'énorme masse cuirassée du bélier confédéré l'*Albemarle* veillait devant Plymouth et bravait toute une flottille de canonnières fédérales qui plusieurs fois l'avaient attaquée sans succès. Le lieutenant Cushing, commandant de la canonnière *Monticello,* songeait depuis la perte de Plymouth aux moyens de faire sauter le monstre et de rouvrir ainsi le golfe aux vaisseaux de l'Union; mais les divers plans, qu'il soumit au secrétaire de la guerre et qui tous impliquaient le sacrifice de sa propre vie, furent repoussés comme impraticables. Enfin il eut l'idée d'utiliser une espèce de machine infernale qui peut s'attacher à la carène des navires au moyen de deux grands bras en fer et proposa au gouvernement d'aller faire lui-même l'essai de cet engin. On accepta son offre dévouée, et quelques jours après il partait accompagné de douze hommes, dont plusieurs étaient officiers comme lui. C'était la nuit, une nuit sombre et sans étoiles; les rameurs se glissaient silencieusement le long des rivages. Ils arrivent ainsi jusqu'à quelques centaines de mètres de la masse noire de l'*Albemarle,* mais un cri soudain leur annonce qu'ils viennent d'être aperçus. Des fusées illuminent la nuit, de grandes tonnes de goudron s'allument sur la rive, la ville de Plymouth resplendit de lumière, et les canons du navire, les fusils des sentinelles et des gardes-côtes sont braqués vers l'embarcation qui s'approche. Toutefois, dans le premier saisissement de surprise, on vise mal et les boulets et les balles tombent autour du bateau sans frapper personne. Cushing et ses compagnons continuent d'avancer; ils arrivent à une vingtaine de mètres du navire, mais là ils s'aperçoivent qu'il est entouré d'une barrière flottante de poutres attachées les unes aux autres. Apparaissant et disparaissant tour à tour sous la fumée de la poudre, ils rament autour du navire pour voir s'il n'existe pas d'issue par laquelle ils puissent pénétrer et s'attacher aux flancs du monstre de fer; mais la barrière n'a pas la moindre lacune. Pendant ce temps les projectiles pleuvent toujours. Le lieutenant Cushing ordonne à ses hommes de ramer en arrière, puis de se lancer de nouveau vers le navire avec toute la force de projection possible. L'embarcation recule, revient comme une flèche, et, l'avant en partie disloqué, passe de plusieurs mètres au-dessus des poutres flottantes, puis les grands bras de fer se dressent, tombent, adaptent la machine infernale sous la ligne de flottaison de l'*Albemarle.* Cushing, blessé à la main, a néanmoins encore la force de faire partir la capsule de la machine; mais, au moment où le réservoir à poudre éclate, un boulet parti de l'*Albemarle* coule l'embarcation et précipite les matelots dans la mer. Cushing, ignorant même si l'explosion a détruit le navire, nage au milieu des débris et gagne une pointe de terre où il se cache au milieu des roseaux. Le lendemain, un nègre le découvrit pâle, épuisé, et lui annonça que sa tentative avait réussi. Le bélier couché sur le flanc faisait eau de toutes parts et désormais n'était plus qu'un écueil de fer au milieu du fleuve. Quelques jours après, la flotte fédérale remontait un canal presque abandonné du Roanoke, puis redescendait vers Plymouth pour s'embosser devant la ville, qui se rendit presque sans coup férir. Les autres postes voisins furent également évacués par les garnisons confédérées, et les unionistes, redevenus maîtres de la Caroline du Nord, purent de nouveau gêner les communications de l'armée de Lee avec Wilmington et Charleston. Tous ces grands résultats étaient dus à l'héroïsme d'un seul homme, ainsi que le reconnut le congrès de Washington en témoignant au lieutenant Cushing, par un vote solennel, la gratitude de la nation.

Après la capture de Plymouth et de l'embouchure du Roanoke, le moment semblait enfin venu de faire droit aux vœux de l'opinion, qui réclamait depuis longtemps que la flotte fédérale et l'armée tentassent un effort combiné pour s'emparer de Wilmington. Ce port de la Caroline du Nord, situé à 35 kilomètres de la mer, au confluent des deux branches de la rivière Cape-Fear, est celui par lequel les confédérés recevaient d'Angleterre des cargaisons de poudre, de canons, de machines, de munitions de guerre de toute espèce et livraient en échange aux coureurs de blocus de 3 à 4,000 balles de coton par semaine. La flotte d'observation qui tenait la mer au large de Wilmington capturait fréquemment des navires employés à ce commerce interlope, mais le métier était beaucoup trop lucratif pour que le danger effrayât les armateurs de Glasgow et de Liverpool, et sans cesse de nouveaux bâtimens à vapeur, construits spécialement pour ce trafic, remplaçaient ceux qu'avaient saisis les croiseurs fédéraux. C'est aussi à Wilmington que les corsaires *Tallahassee* et *Chickamauga* trouvaient un asile et préparaient leurs expéditions de pillage et d'incendie. Depuis la fermeture des entrées de Savannah, de Charleston, de Mobile au commerce de la confédération avec le reste du monde, Wilmington était le seul port qui rattachât les états du sud à l'Europe et par cela même était bien plus important que Richmond lui-même au maintien de l'empire esclavagiste.

Malheureusement ce port était très difficile à bloquer et plus encore à conquérir. Au large de Wilmington, la mer est terrible pendant les tempêtes, ainsi que le dit le nom même de l'île triangulaire placée en travers de l'embouchure, *Cape-Fear* ou Cap-Terreur. Un long banc de sable que l'on désigne ironiquement par le sobriquet de *Frying-pan-Shoals* (banc de la Poêle-à-frire) prolonge au loin dans la mer la pointe sablonneuse du cap et force les navires d'un tirant d'eau considérable à se tenir à une grande distance de la côte; lorsque la mer était houleuse, les croiseurs de l'Union devaient parfois se réfugier en pleine mer, et c'est alors que les petits vapeurs confédérés, peints de la couleur des vagues boueuses, se glissaient le long des brisans, parallèlement au rivage, et, guidés par les signaux des forts, pénétraient dans l'une des deux embouchures de la rivière Cape-Fear. Plusieurs forts défendaient les deux entrées, surtout celle du nord, qui est la plus rapprochée de Wilmington. D'un côté de cette ouverture se trouvent des bancs de sable, des récifs et des vasières impraticables; de l'autre s'étend une étroite langue de terre, couverte de bois de pins qui se prolonge au nord vers Wilmington entre la mer et la rivière du Cape-Fear. A 3 kilomètres environ de la pointe méridionale de cette péninsule les rebelles avaient construit le fort Fisher, commandant à la fois la rade foraine de l'entrée, la barre extérieure de l'embouchure et les eaux du fleuve. D'autres ouvrages, armés comme le fort Fisher de la plus puissante artillerie qu'avaient pu fabriquer les ingénieurs anglais et confédérés, s'élevaient au nord de la forteresse, afin d'empêcher les unionistes de la prendre en flanc, tandis que plus au sud, au ras même du chenal, on avait dressé un monticule de 20 mètres de hauteur du haut duquel on se promettait de foudroyer les navires cuirassés qui tenteraient de franchir la barre. C'étaient là les obstacles qu'il s'agissait de vaincre. En réduisant le fort Fisher et les batteries voisines, les fédéraux eussent par cela même tourné tous les autres ouvrages de défense et pris possession de la seule voie commerciale qui restait encore à la confédération.

Vers le milieu du mois de décembre, la flotte, accompagnée de plus d'une centaine de navires chargés d'approvisionnemens et portant 10,000 soldats, appareillait de la forteresse Monroe et se dirigeait vers le sud. L'amiral Porter, le héros de Vicksburg, commandait la flotte, les troupes étaient sous les ordres du général Butler. Après un retard de dix jours occasionné en partie par une formidable tempête, en partie par le manque de préparatifs, les vaisseaux arrivèrent le 23 décembre au large de Wilmington, mais ils se tinrent à une assez grande distance de la côte pour que l'ennemi ne pût les apercevoir. Un seul navire se détacha du convoi et se dirigea hardiment vers la barre conduit par un remorqueur. C'était une poudrière flottante, renfermant plus de 200 tonnes de poudre et monté par un équipage de volontaires; ses flancs étaient peints d'une couleur claire comme ceux des coureurs de blocus, et justement lorsqu'il approcha de la côte il rencontra un vrai navire de contrebande qui avait eu la chance de se glisser heureusement à travers la flotte; pour entrer il n'eut donc qu'à répéter les signaux de ce vapeur et à voguer dans le sillage. La garnison du fort Fisher ne se méfia nullement de ce visiteur inconnu. L'équipage put tranquillement faire échouer le vaisseau-poudrière à 250 mètres du fort, puis s'enfuir après avoir allumé la mèche qui, par un ingénieux mécanisme, devait faire sauter la poudre environ deux heures plus tard. Suivant l'opinion des inventeurs du brûlot, l'explosion devait produire les plus formidables résultats, le fort devait être démantelé, détruit, lancé dans les airs avec ses pièces d'artillerie et sa garnison; mais ce n'était là qu'un rêve : les 200,000 kilogrammes de poudre sautèrent en formant une admirable colonne de feu semblable à l'explosion d'un volcan. Les marins de la flotte qui s'approchait sentirent la mer s'agiter comme par un tremblement sous-marin; le fort Fisher remua également sur sa base, mais il ne fut point endommagé et la garnison confédérée crut avoir assisté simplement à l'explosion d'un navire *yankee*. Tout joyeux, le général Bragg se hâta de télégraphier la bonne nouvelle à Richmond.

D'ailleurs, l'explosion eût-elle produit l'effet attendu, les vaisseaux cuirassés de Porter auraient dû être dans le voisinage pour commencer aussitôt le bombardement et profiter de la terreur de la garnison. La flotte n'arriva que plusieurs heures après, et la canonnade retentit seulement dans l'après-midi du 24. La frégate *New-Ironsides* venait en tête, suivie des *monitors* et des autres frégates, puis des corvettes, des canonnières et des vaisseaux nommés à cause de leur forme *double-pointers*. Une grêle de projectiles, comme on n'en avait pas encore vu durant la guerre, tomba sur le fort. D'après le rapport officiel, les vaisseaux ne lançaient pas moins de cent bombes et boulets pleins à la minute, près de deux projectiles à la seconde. Il était impossible de tenir contre un pareil ouragan de fer, et le commandant de la forteresse donna aussitôt l'ordre aux soldats de se réfugier dans les casemates. Les remparts de sable étaient labourés, mais non renversés, et les soldats à l'abri n'eurent point à souffrir de cette effroyable masse de boulets qui s'abattait sur leurs têtes.

Pendant la nuit du 24 au 25, le général Butler arrivait au lieu du rendez-vous avec les troupes de débarquement, et dès le point du jour les vaisseaux se rapprochaient du fort jusqu'à une distance de quelques encâblures pour recommencer la canonnade. Appuyés par ce feu d'enfer, les soldats de Butler n'eurent aucune difficulté à débarquer sur la plage, à 4 kilomètres environ au nord du fort Fisher. A peine arrivés, les premiers tirailleurs débusquent les soldats confédérés cachés dans le bois, puis s'emparent au pas de course de deux fortins et environ 300 hommes. Déjà 6,000 fédéraux étaient débarqués sur la péninsule et s'avançaient dans la direction du sud vers le fort Fisher. Quelques hommes approchèrent même des fossés et furent blessés par les boulets de l'amiral Porter. Un silence complet continuait de régner dans le fort dont tous les défenseurs restaient cachés sous les voûtes casematées.

Le moment semblait favorable pour l'assaut, et les soldats attendaient impatiemment le signal qui devait annoncer à la flotte de cesser le feu; mais ils attendirent en vain. Le général Weitzel, excellent officier du génie, jugea que les remparts n'étaient pas assez endommagés par le bombardement et conseilla au général Butler de ne pas ordonner l'assaut. Le chef partagea l'avis de son lieutenant et donna l'ordre de la retraite avant qu'un seul ennemi se fût montré par une embrasure du fort. Les soldats étaient désespérés de ce départ inattendu; mais lorsque la mésaventure fut connue, l'irritation fut bien plus grande encore parmi les marins de la flotte et parmi les populations du nord. L'amiral Porter accusa nettement le général Butler de n'avoir pas fait son devoir, et Butler de son côté répondit en reprochant à Porter d'avoir perdu dix jours précieux pendant lesquels il eût été possible de surprendre l'ennemi. Grant à son tour intervint dans le débat pour donner complétement tort au général Butler en affirmant que celui-ci n'avait pas même reçu l'ordre de prendre part à l'attaque du fort Fisher et qu'il eût dû s'abstenir de toute immixtion dans l'affaire. Le fait est que Grant était depuis longtemps lassé de l'indiscipline militaire de son subordonné et qu'il saisissait avec empressement l'occasion de s'en débarrasser. Destitué de son commandement pour avoir manqué de l'audace nécessaire, le général Butler fut justifié plus tard par un conseil de généraux; mais il est certain que si le fort était vraiment imprenable par un coup de main, il était facile à Butler de l'investir complétement par une simple ligne de retranchemens élevée à travers la péninsule et de commencer un siége régulier en attendant des renforts. Du reste, la disgrâce de Butler ne lui fit rien perdre de la grande popularité qu'il devait à ses talens d'administrateur et à la sûreté de son jugement politique.

Ni le général Grant, ni l'amiral Porter, ni du reste le peuple américain lui-même ne voulurent accepter de démenti dans cette affaire du fort Fisher, et trois semaines ne s'étaient pas écoulées depuis le premier bombardement, que la flotte se montrait de nouveau devant la forteresse. Le lendemain, 13 janvier, le général Terry, commandant les troupes de débarquement, composées de 8,000 hommes environ, leur fit prendre terre à une faible distance en amont de l'endroit où l'armée de Butler avait opéré sa reconnaissance, puis s'occupa d'établir solidement une partie de ses troupes au travers de la péninsule, de manière à fermer la route aux renforts confédérés qui seraient envoyés de Wilmington au secours de la forteresse; dès le soir, un rempart s'élevait à hauteur d'homme, du rivage de la mer au bord de la rivière Cape-Fear. Pendant toute l'après-midi un bombardement plus terrible encore que le précédent faisait pleuvoir sur le fort une grêle de bombes évaluée à quatre projectiles par seconde; cependant les murailles de sable restaient presque intactes et se tassaient lentement comme des dunes au-dessus des casemates. Le lendemain, on continua le feu avec la même énergie, tandis que les soldats travaillaient à leurs retranchemens et présentaient à la brigade confédérée du général Hoke, accourue de Wilmington, un front tellement redoutable qu'elle n'osa pas les attaquer en dépit de la grande supériorité de ses forces. Si Hoke eût commandé l'assaut des lignes fédérales, il les eût probablement percées, le fort Fisher n'eût pas été pris, et Butler aurait eu malheureusement raison contre le général Grant.

Dans la soirée du 14, Terry et Porter décidèrent que le lendemain on donnerait l'assaut à la forteresse. La garnison du fort Fisher s'y attendait, car dès le matin du 15 les corsaires *Chickamauga* et *Tallahassee* descendaient la rivière Cape-Fear pour amener des renforts à la place menacée; mais les projectiles de la flotte fédérale, passant par-dessus le fort et tombant parmi les troupes confédérées, les forcèrent à rentrer au plus tôt à Wilmington. Les unionistes, couverts par le feu des vaisseaux, s'approchèrent des fortifications, enlevèrent les palissades et les chevaux de frise, puis marchèrent à l'assaut du front nord, tandis que 1,500 marins débarqués faisaient une attaque sur le front tourné vers la mer. De ce côté la lutte fut terrible, mais les marins durent revenir vers leurs vaisseaux, après avoir laissé 300 des leurs sur les talus de sable et sur la plage. Toutefois leur sang n'avait pas coulé en vain, car la garnison tout entière occupée à les repousser avait laissé l'infanterie fédérale se loger dans la partie septentrionale de la forteresse. Deux des vingt-trois hautes traverses de sable, semblables à des dunes, qui recouvrent des casemates et protégent la citadelle proprement dite, étaient tombées entre les mains des unionistes. Un combat presque sans exemple, à cause de l'étroit espace dans lequel on s'égorgeait, commença aussitôt et dura pendant plusieurs heures avec un effroyable acharnement; les fantassins luttaient à la baïonnette ou corps à corps, les artilleurs tiraient à bout portant. Le jour finit, une nuit sombre s'étendit sur la mêlée; mais on continua de combattre à la lueur des bombes que la flotte lançait sur la partie méridionale du fort. Les fédéraux avançaient toujours, et casemate après casemate tombait en leur pouvoir. Enfin, à demi étouffés par le sable et la poudre, les soldats de la garnison abandonnèrent la place et se retirèrent au sud-ouest vers l'extrémité de la péninsule. On les poursuivit au milieu de l'obscurité, et cernés de toutes parts, d'un côté par un demi-cercle de brisans, de l'autre par une ligne de baïonnettes, ils finirent par rendre les armes et furent faits prisonniers de guerre. L'assaut avait coûté près de 1,200 hommes aux fédéraux, à peu près autant à leurs adversaires. Le lendemain, l'explosion d'une poudrière accrut encore de près de 200 le nombre des victimes.

Quelques jours après la chute du fort Fisher, le général Bragg, qui commandait à Wilmington, fit sauter tous les autres forts des embouchures du Cape-Fear, et les canonnières du nord franchirent enfin la redoutable barre qui, pendant quatre années, avait protégé le commerce de la confédération rebelle avec l'Angleterre. La chute même de Wilmington n'était plus qu'une question de temps, et les communications directes entre la Virginie méridionale et Charleston étaient rendues impossibles. Non-seulement le blocus était effectif, il devenait même inutile, et le gouvernement de l'Union reprenait la libre disposition des cent cinquante navires qui gardaient les abords de Wilmington et les côtes de la Caroline du Nord. Le cercle s'était tellement rétréci autour de la confédération expirante que l'on pouvait considérer la guerre comme virtuellement terminée. Entre l'armée de Grant, qui le tenait en échec, et les armées convergentes de Sheridan, de Terry, de Sherman, Lee était d'avance irrévocablement condamné à la défaite : s'il n'eût obéi à un faux point d'honneur, il aurait pu épargner encore bien des milliers de vies en ouvrant lui-même les portes de Petersburg et en acceptant les offres magnanimes du vainqueur.

V. — FIN DE LA GUERRE ET MORT DE LINCOLN.

Réunion du congrès. — Message du président. — Relations de la république américaine avec les puissances étrangères. — Affaire de la *Florida*. — Les voleurs de Saint-Albans. — Conduite des juges canadiens. — État des finances. — Vote de l'amendement constitutionnel abolissant l'esclavage. — Entrevue des commissaires confédérés et de M. Lincoln sur le *River-Queen*. — Prise de Columbia par Sherman. — Évacuation de Charleston par les confédérés. — Prise de Georgetown, de Wilmington, de Fayetteville, de Kingston, de Goldsborough. — Bataille d'Averysborough et de Bentonsville. — Expédition du général Sheridan dans la Virginie centrale. — Attaque du fort Steadman par le général Lee. — Bataille de Five-Forks. — Évacuation de Petersburg et de Richmond. — Fuite de Jefferson Davis. — Capitulation de Lee. — Assassinat de Lincoln. — Capture du meurtrier.

La session du congrès s'ouvrit le 5 décembre, et, comme à l'ordinaire, elle fut inaugurée par la lecture du message présidentiel.

Ce document, strictement consacré à la discussion des affaires, était d'autant plus important qu'il reflétait sans l'aide d'aucun artifice littéraire la pensée du président. Dès la première phrase de son message, M. Lincoln abordait simplement la question mexicaine pour constater que le gouvernement américain n'avait point changé d'attitude à l'égard de la république voisine, puis il parlait avec satisfaction de l'excellence des rapports entretenus à l'égard les unes des autres par toutes les républiques du Nouveau-Monde. Cette complaisante énumération de tous les états républicains des deux Amériques était évidemment une nouvelle affirmation de la doctrine dite de Monroe, ce grand article de foi de tous les partis politiques du nord sans exception. M. Lincoln répondait ainsi d'une manière indirecte au vote de censure que les membres du congrès avaient formulé pendant la dernière session contre le secrétaire d'état Seward, accusé d'avoir donné au cabinet des Tuileries, au sujet d'un vote hostile à l'établissement d'un empire au Mexique, des explications « peu dignes de la majesté du peuple américain. » Tout en s'abstenant par prudence d'exprimer nettement sa pensée sur le gouvernement de Maximilien et sur l'intervention d'une puissance étrangère dans les affaires intérieures de la république mexicaine, le président en disait assez néanmoins pour convaincre ses commettans qu'il ne trahirait point les principes du *droit continental* de l'Amérique.

Le message se contenta de mentionner rapidement l'affaire de la *Florida*. Ce corsaire confédéré avait été saisi dans la matinée du 7 octobre au milieu du port de Bahia par le navire américain *Wachusett* et ramené comme prise à la forteresse Monroe. Le bon goût demandait que le gouvernement des États-Unis montrât d'autant plus de condescendance envers le Brésil qu'il avait affaire à une nation faible. Il destitua le consul américain de Bahia, fit passer le capitaine du *Wachusett* devant un conseil de guerre, remit en liberté les prisonniers de la *Florida* et donna l'ordre de saluer le pavillon brésilien des coups de canon d'usage. L'attitude des États-Unis devait être nécessairement plus fière à l'égard de la Grande-Bretagne, qui, la première, avait reconnu aux confédérés le titre de belligérans, qui avait toléré la construction des corsaires sur les chantiers de ses ports, et qui de plus laissait des bandes de meurtriers s'organiser sur les frontières de ses colonies du Canada contre les régions limitrophes des États-Unis. Ainsi des pirates confédérés, embarqués comme passagers à bord d'un bateau américain du lac Érié, le pillèrent en route, le firent couler à fond, puis rentrèrent au Canada, où on les jugea simplement pour la forme. Ailleurs, sur les bords du lac Champlain, d'autres bandits, se disant confédérés, entrèrent en plein midi dans la petite ville paisible de Saint-Albans, mirent les banques au pillage, tirèrent des coups de fusil sur les passans, puis se réfugièrent, chargés de butin, sur le territoire anglais. On les emprisonna; mais, quand arriva le jour du procès, le juge, nommé Coursol, se déclara incompétent, et fit relâcher les prisonniers. L'indignation de tous les Américains et l'alarme des habitans de la frontière furent grandes en apprenant toutes ces nouvelles. Les citoyens des villes et des campagnes que la conduite du juge Coursol et de ses confrères exposait à de continuelles incursions de bandits déclarèrent qu'ils se défendraient eux-mêmes et se feraient justice jusqu'au-delà des frontières. De son côté, le général Dix, commandant à New-York, se hâta d'autoriser les troupes qui se trouvaient sous ses ordres à pénétrer dans le Canada pour exécuter sommairement les arrêts que ne voulaient pas rendre les magistrats anglais. Cet ordre eût été probablement approuvé par le président Lincoln, si le gouverneur-général des colonies britanniques, justement alarmé, n'avait fait arrêter de nouveau les coupables en dépit des protestations de Jefferson Davis, qui les réclamait comme ses officiers et prenait ainsi sa part de leurs exploits.

Quoi qu'il en soit, le gouvernement fédéral était tenu de prendre des mesures sérieuses pour empêcher le retour d'événemens du même genre. Dans son message, le président annonçait qu'il avait trouvé bon de dénoncer le traité d'après lequel les États-Unis et la Grande-Bretagne s'étaient mutuellement engagés à ne pas augmenter leur marine militaire sur les grands lacs, et proposait en outre de supprimer ou de modifier le traité de *réciprocité* commerciale conclu en 1854 entre les États-Unis et le Canada. Ce traité, d'après lequel les marchandises canadiennes de tout genre passaient en transit, moyennant de très faibles droits, à travers les états de la Nouvelle-Angleterre, constituait un avantage de la plus grande importance pour le Haut-Canada, car l'embouchure du Saint-Laurent est fermée par les glaces pendant plusieurs mois de l'année, et d'ailleurs elle est dans tous les temps le chemin le plus long et le plus pénible. Que le traité de réciprocité reste aboli, et les habitans du Haut-Canada, qui, par la position pour ainsi dire insulaire de leur territoire, par leur origine anglo-saxonne, leur langue, leurs mœurs et leur religion, ont déjà tant de raisons de s'unir aux populations voisines des États-Unis, seront en outre attirés vers elles par les puissans intérêts du commerce. Les Bas-Canadiens, dont la race et la religion sont différentes, amenèrent ce résultat en obéissant aveuglément à leur hostilité naturelle contre la république américaine.

Après avoir brièvement résumé les rapports des secrétaires du cabinet et proposé l'adoption de diverses mesures spéciales, le président Lincoln abordait la grande question qui avait mis les armes aux mains des combattans, la question de l'esclavage. Il félicitait d'abord le Maryland de s'être débarrassé du fléau de la servitude : « Le Maryland, s'écriait-il, est désormais assuré à la cause de la liberté et à celle de l'Union. Le génie de la rébellion ne revendiquera plus le Maryland. Le démon est chassé maintenant; il pourra tenter de déchirer le pays, mais il ne le possédera plus. » Ensuite il insistait auprès des membres du congrès pour qu'ils adoptassent enfin l'amendement qui devait effacer l'esclavage de la constitution des États-Unis. Dans une discussion précédente, la chambre des représentans n'avait donné que les trois cinquièmes des voix en faveur de cette mesure; mais le président espérait que la même assemblée prendrait en considération l'état de l'opinion publique, tel que les élections pour le congrès futur l'avaient révélé d'une manière indubitable, et trouverait dans son sein la majorité légale des deux tiers pour l'affirmation solennelle de la liberté des noirs. L'abolition de la servitude, l'intégrité de l'Union, telle avait été la signification nette et précise du verdict prononcé par le peuple dans ses comices. Quant aux esclaves des états rebelles, libres de droit en vertu de la proclamation présidentielle, ils devaient rester libres à jamais, et rien ne ferait revenir « l'honnête Abraham » sur sa parole. « Si d'une façon ou d'une autre le peuple faisait un devoir au président de condamner à un nouvel esclavage ceux qui sont devenus libres, que ce soit un autre, et non pas moi, qu'on prenne pour instrument! »

Les rapports accompagnant le message présidentiel offraient le plus grand intérêt et témoignaient de ce prodigieux développement en population, en richesse et en puissance qu'avait pris la nation américaine en dépit de sa terrible guerre civile. Le rapport du secrétaire des finances surtout donnait une grande idée des ressources que les états libres avaient su trouver pour le maintien de l'Union et de leurs droits; toutefois dans ce tableau grandiose on voyait plus d'une ombre. Certes le peuple des États-Unis, qui pendant les années précédentes de sa longue paix n'avait jamais eu à porter le fardeau des taxes, si ce n'est indirectement par le tarif des douanes, pouvait être fier d'avoir courageusement chargé sur ses épaules l'énorme faix d'un budget annuel semblable à nos budgets d'Europe. Sans se plaindre, il avait acquitté, indépendamment des 500 millions de la douane, un total d'impôts sans cesse accrus, qui pour la première année 1862-1863 avait été seulement de 200 millions de francs, mais qui s'était élevé à 500 millions pendant l'année fiscale 1863-1864, et qui devait atteindre 1 milliard 350 millions en 1864-1865, puis 2 milliards au moins en 1865-1866. En se lançant dans la guerre pour le maintien de l'Union, le peuple américain n'avait aucune idée de l'immensité de ses ressources, mais il ne se rendait point compte non plus des charges qu'il aurait à porter. La dette publique avait grandi d'une manière formidable. Au commencement de la nouvelle année fiscale, c'est-à-dire le 1er juillet 1864, la dette totale des États-Unis avait atteint la somme de 9 milliards 400 millions de francs. Quatre mois après, elle dépassait 11 milliards 90 millions, et par conséquent s'était accrue dans la proportion effrayante de plus de 14 millions par jour. Ce n'était même là qu'un commencement, car bientôt toutes les prévisions antérieures allaient être mises à néant, et pendant les mois d'avril et de mai 1865 la dette était destinée à s'accroître de près d'un million par heure. L'intérêt de la dette, qui avait été de 290 millions, soit d'un peu plus de 3 pour 100, à la fin de l'année fiscale 1863-1864, grandissait dans une proportion analogue à celle de la dette même, et menaçait de devenir bientôt la plus grosse charge du trésor. Ce n'est pas tout. Quelques industries, trop lourdement taxées par le système d'impôts, émigraient déjà vers le Canada, où l'exercice en était complétement libre : telles étaient entre autres la distillation des liqueurs et de l'huile de pétrole, la fabrication des cigares et celle des allumettes chimiques.

Heureusement que l'on pouvait déjà prévoir la fin de la guerre et par conséquent l'aurore du grand jour qui devait mettre un terme à une situation financière si périlleuse. Sheridan venait de remporter ses victoires dans la vallée de la Shenandoah, et c'est quelques jours après la lecture du message que Sherman allait atteindre les bords de l'Atlantique et que la flotte de l'amiral Porter allait commencer le bombardement des forts de la rivière Cape-Fear. Bien plus, la cause même de la guerre allait être supprimée. Une grande majorité des membres de la chambre des représentans avait pris à cœur les recommandations si pressantes du président Lincoln, et s'étaient juré d'effacer de la constitution des États-Unis la souillure qui s'y trouvait encore. Pendant les premières semaines de la session, les républicains les plus influens se donnèrent à tâche de persuader à leurs adversaires politiques que l'heure était enfin venue d'abolir l'esclavage et qu'il ne fallait pas attendre lâchement la fin du fléau pour oser en prononcer la condamnation. Ces efforts furent couronnés de succès, et le 31 janvier 1865, lorsque l'amendement à la constitution, déjà voté par le sénat le 8 avril de l'année précédente, fut soumis à la chambre par M. Ashley, on était presque sûr que cet amendement serait adopté par la majorité légale des deux tiers. Cependant on attendait avec une singulière anxiété le résultat du vote. Tous les membres du sénat, tous les hommes éminens de Washington étaient présens à la séance, les galeries étaient pleines de spectateurs qui prêtaient une attention fiévreuse à l'énumération des votans. Enfin le président Colfax annonça que 119 voix contre 56, plus des deux tiers, avaient déclaré que désormais « ni esclavage ni servitude involontaire, excepté en punition d'un crime dûment prouvé, n'existeront dans les États-Unis. » Les applaudissemens éclatèrent de toutes parts, les dames se levaient en agitant leurs mouchoirs, les hommes s'embrassaient en pleurant; des sanglots de joie, des cris d'enthousiasme se faisaient entendre. Jamais peut-être pareille scène n'avait eu lieu dans le congrès américain. C'est que jamais, depuis la déclaration de l'indépendance, une décision aussi importante n'avait été prise par les représentans du peuple. Tout le monde sentait que la sanglante guerre était virtuellement finie, et que l'Union, enfin débarrassée du boulet qu'elle traînait à son pied, allait devenir plus prospère et plus glorieuse que jamais. Il est vrai que ce vote du congrès ne devait point être la loi du pays tant qu'il n'aurait pas été ratifié par les trois quarts des législatures d'état. Quelques voix manquaient encore, à cause de l'opposition connue d'avance de certains états du nord, le Kentucky, le Delaware, le New-Jersey; mais, par une singulière ironie du sort, ce sont précisément les états rebelles qui, en rentrant successivement dans l'Union après avoir libéré leurs esclaves, se chargèrent de fournir l'appoint nécessaire pour rendre définitive l'abolition de la servitude.

Précisément à l'époque où l'on discutait l'amendement dans le congrès de Washington, et comme s'ils avaient eu le pressentiment de la fin prochaine de leur empire, les chefs de la rébellion faisaient une nouvelle tentative désespérée pour obtenir, avec la paix, la reconnaissance de l'autonomie du sud. Jefferson Davis eut l'habileté de choisir d'abord pour intermédiaire dans cette entreprise un intime ami du président, M. Francis Blair. Celui-ci, après avoir longuement conversé avec le président Lincoln, lui écrivit une lettre dans laquelle il témoignait le désir d'entrer en négociations pour le rétablissement de la paix « dans les deux contrées. » M. Lincoln répondit à M. Blair par une autre lettre où il se déclarait prêt à nommer des commissaires qui s'occuperaient officieusement du rétablissement de la paix « dans la patrie commune. » C'était dire que les états rebelles devaient avant toute chose rentrer dans le sein de l'Union. Cependant M. Stephens, vice-président de la confédération du sud, et deux ambassadeurs de paix se présentèrent devant les lignes de Grant et demandèrent à entrer en conférence avec des commissaires fédéraux nommés par M. Lincoln. Avant de leur répondre, le président leur fit savoir nettement que les négociations pour la paix ne seraient point entamées si les envoyés du sud n'acceptaient d'abord pour bases le rétablissement de l'Union, l'abolition de l'esclavage et le renvoi des troupes confédérées. M. Stephens et ses amis firent semblant de trouver ces conditions acceptables, mais ils refusèrent obstinément de rédiger et de signer ces préliminaires de paix. Dans ces conditions, la conférence demandée devenait impossible et les émissaires du sud eussent été renvoyés immédiatement à Richmond si le général Grant, déçu par leur langage, n'eût écrit au président Lincoln qu'il croyait ses hôtes sincèrement désireux d'aider au rétablissement de l'Union. L'opinion d'un homme tel que Grant, jointe à la magnanimité naturelle du président, décida M. Lincoln à se rendre aux vœux des envoyés du sud. Précédé par M. Seward, il eut avec eux une longue conférence dans la rade de Hampton sur le vapeur *River-Queen;* mais là les confidens de Jefferson Davis évitèrent avec soin de s'expliquer sur la reconstitution prochaine de l'Union fédérale et prétendirent que le meilleur moyen d'atteindre ce but serait de pacifier le pays, de reprendre les relations de commerce, de calmer les passions. En d'autres termes, ils demandaient un armistice qui permît à la confédération rebelle de reconstituer ses armées, d'accumuler de nouvelles ressources, de nouer des alliances et d'acquérir ce puissant élément de force, la durée. Le président Lincoln était joué, mais grâce à la simplicité de ses intentions et à la droiture de son âme, il n'en resta pas moins le plus fort, et les commissaires confédérés s'en retournèrent à Richmond avec la certitude que leurs armées n'auraient pas un instant de répit et que la cause esclavagiste était irrévocablement perdue.

Les pourparlers n'avaient d'ailleurs nullement arrêté les opérations de guerre, et les forces de l'Union ne cessaient de presser l'ennemi. Sherman, poussant devant lui les troupes démoralisées de Hardee et de Beauregard, marchait rapidement à travers les Carolines pour aider Grant à donner le coup de grâce. Après avoir utilisé quelques semaines de répit à sauver de la faim et à réconcilier avec l'Union les habitans de Savannah, le général Sherman s'était empressé de réorganiser son armée en vue d'une nouvelle campagne. A la fin de janvier, tout était prêt. Les troupes de la division Howard s'embarquèrent sur des transports pour aller renforcer l'armée d'occupation de l'archipel de Port-Royal et s'emparèrent presque sans coup férir du pont de Pocotaligo, situé sur la voie ferrée à peu près à moitié chemin entre Savannah et Charleston. En même temps, le corps du général Davis, de la division Slocum, remon-

la rive droite du fleuve Savannah, dans la direction d'Augusta, lis que d'autres régimens, commandés par Williams, franchisnt ce fleuve en face de Savannah et suivaient de loin la rive che en construisant leurs propres chemins à travers les campas marécageuses de la Caroline du Sud, changées par des pluies entielles en une immense nappe d'eau. Grâce à cette marche de mée sur trois routes différentes et néanmoins presque parals, le général Sherman, tout en gardant ses forces à proximité unes des autres, menaçait à la fois la place georgienne d'Auta, Columbia, ville centrale et chef-lieu de la Caroline du Sud, n Charleston, la cité sainte de la confédération. Ignorant où rman allait frapper, Beauregard ne pouvait qu'éparpiller ses es dans le vain espoir de couvrir à la fois les trois villes meées.

'out à coup Slocum, réunissant les deux corps qui remontaient rives du fleuve Savannah, se jeta vers le nord et traversa rapiient les deux rivières parallèles du Coosawatchie et du Salkehie. De son côté Howard obliquait sur la gauche, et le 3 fér les deux divisions de l'armée opéraient leur jonction sur la méridionale du fleuve Edisto. Beauregard les attendait à quels lieues plus à l'est, dans la place de *Branchville*, *station* cene des voies ferrées de l'état défendue au sud et à l'ouest par deux branches de l'Edisto. Toutefois Sherman ne s'attarda pas éloger son adversaire; il fit d'abord détruire, sur une longueur ie trentaine de kilomètres, la partie du chemin de fer de Charon à Augusta que traversaient ses troupes; puis, franchissant listo, il reprit sa marche vers le nord sans faire la moindre ntion à Beauregard, qui dut évacuer sans combat la place où il ait retranché et transférer en toute hâte ses troupes à Columbia. 16, l'avant-garde de l'armée fédérale apparaissait sur la rive ite du Congaree, en face de la ville, et commençait le bomlement. En même temps, quelques régimens passaient à gué deux rivières Saluda et Broad qui se réunissent en amont de ımbia pour former le Congaree. On ne les attendit pas : les lats de Beauregard s'empressèrent d'abandonner la place, mais sans en avoir pillé les magasins et laissé derrière eux des indies que les fédéraux alimentèrent en faisant sauter plusieurs ices publics; plusieurs quartiers de cette ville, l'une des plus rmantes de l'Amérique, furent réduits en cendres par une coïnince frappante : c'étaient justement les défenseurs armés de la ellion qui s'étaient chargés de mettre le feu à ce palais de la slature, où les fiers Caroliniens avaient les premiers juré de ler l'empire esclavagiste.

Maître de Columbia, Sherman envoya aussitôt un détachement de troupes à la poursuite de Beauregard, tandis qu'un autre corps se dirigeait au sud-est vers Charleston pour hâter l'évacuation de cette place; mais déjà le général Hardee, craignant d'être cerné et affamé avec toute sa garnison, faisait hâtivement ses préparatifs de retraite. La cité qui, pendant des années, avait si héroïquement résisté aux attaques d'une flotte formidable et à un bombardement terrible tombait maintenant au seul bruit des pas de Sherman. Dès le 17 au soir, le général unioniste Schimmelpfenning s'aperçut que la ville allait être évacuée et rapprocha ses avant-postes des forts extérieurs. Pendant la nuit, de terribles explosions firent trembler le sol, et de vastes incendies s'allumèrent sur divers points. Hardee livrait aux flammes les ponts des chemins de fer, les magasins d'approvisionnemens, les entrepôts de coton, les arsenaux, les chantiers de construction, les navires cuirassés et les autres vaisseaux de la flottille confédérée. Le feu se communiqua de proche en proche et dévora des rues entières; pour comble d'horreur, les flammes atteignirent la poudrière et la firent sauter avec un bruit effroyable en enterrant près de deux cents victimes sous les décombres. Enfin un régiment fédéral, composé de nègres de la Caroline du Sud, pénétra dans la ville pour éteindre le feu qu'avaient allumé leurs anciens maîtres. Un triste spectacle s'offrit à leurs regards : la partie inférieure de la cité, que les boulets de Gillmore avaient pu atteindre pendant le bombardement, n'était plus qu'un amas de ruines; plus loin s'étendait un vaste espace couvert de cendres et de décombres, seuls restes du terrible incendie de 1861; maintenant la partie supérieure de Charleston brûlait à son tour. Des nègres qui la veille encore étaient esclaves, des blancs faméliques étaient les seuls habitans de la ville ruinée. Quant aux riches planteurs qui avaient été, quatre années auparavant, les instigateurs de la grande rébellion, ils s'étaient tous enfuis. S'il en était resté quelques-uns, combien vivement devaient-ils sentir le contraste qu'offrait ce jour de désolation avec les premières journées de triomphe! Alors tout leur avait réussi comme à souhait. Ils s'étaient emparés sans coup férir des arsenaux, de la douane et des forts du rivage, par quelques coups de canon ils avaient délogé la garnison de l'île Sumter, et chaque paquebot leur apportait le récit d'autres défections à la cause des États-Unis. L'empire esclavagiste, sur lequel ils avaient dès la première heure solennellement appelé les bénédictions du Dieu des armées, semblait devoir être fondé en quelques semaines, et leur ville allait devenir la cité sainte de cette nouvelle patrie. Et maintenant tout était en ruine, Charleston, la confédération, et l'esclavage lui-même sur lequel devait reposer,

« comme sur un bloc de marbre noir, » l'édifice tout entier. Cependant quelques-uns des conjurés gardaient encore l'espérance. On raconte que, lors de l'explosion de la poudrière, les tourbillons de fumée se développèrent dans l'espace sous la forme d'un palmier, tandis qu'une spirale semblable à un serpent s'enroulait autour du tronc. C'étaient les armes de la Caroline du Sud qui se dessinaient ainsi dans le ciel : *Hoc signo vinces!*

La chute de Charleston laissait entre les mains des fédéraux 450 pièces d'artillerie ainsi que des amas considérables de munitions, délivrait d'un pénible et coûteux service toute une flotte de blocus, et donnait à l'armée du général Sherman une nouvelle base d'opérations sur le littoral. Quatre jours après, la ville de Wilmington, qu'assiégeait l'armée du général Schofield, était également évacuée. De même le bourg de Georgetown, situé à l'embouchure du Great-Pedee, se rendait à la flotte de l'amiral Dahlgren, de sorte que Sherman, dans sa marche vers le nord, avait ses flancs assurés du côté de la mer et pouvait au besoin se rejeter à droite vers le littoral de l'Atlantique avec la certitude d'y rencontrer des amis. Aussi continua-t-il résolûment sa campagne à travers les Carolines sans trop se préoccuper de l'armée que concentrait plus au nord son ancien adversaire d'Atlanta, le prudent Johnston, appelé par le vœu populaire et le choix du général Lee à remplacer Beauregard. Le 20 février, Sherman sortait de Columbia pour se porter au nord-est vers la ville de Cheraw, bien que sa cavalerie manœuvrât au nord dans la direction de Charlotte afin de tromper l'ennemi. A Cheraw, il traversait le Great-Pedee et pénétrait dans la Caroline du Nord après avoir parcouru dans sa plus grande largeur et laissé derrière lui, dépourvu de toutes ressources militaires, l'état rebelle par excellence de la Caroline méridionale. Continuant sa route au nord-est, parallèlement au littoral de l'Atlantique, le général Sherman entrait ensuite (11 mars) à l'importante station de Fayetteville, située sur le Cape-Fear, et de là se mettait en communication par la rivière avec la garnison de Wilmington. Au-delà de Fayetteville, où le grand arsenal construit jadis par le gouvernement de l'Union fut complétement démoli, Sherman rencontra une plus vive opposition de la part de son adversaire, qui avait enfin pu concentrer sous ses ordres une véritable armée. Le 16 mars, l'avant-garde fédérale, qui remontait la Cape-Fear dans la direction de Raleigh, capitale de l'état, fut repoussée près de la station de poste d'Averysborough et ne put continuer sa marche qu'après avoir été renforcée par le gros des troupes. Cinq jours après, un combat plus sérieux avait lieu à Bentonsville sur la route de Goldsborough et se terminait par la mise en déroute des confédérés. Enfin, le 22, après une marche de près de 800 kilomètres depuis Savannah à travers un pays marécageux et coupé de rivières, les soldats de Sherman opéraient leur jonction avec les forces de Schofield et de Terry, qui de leur côté s'étaient réunis la veille à Goldsborough, place forte située au point de croisement des chemins de fer de Wilmington à Richmond et de New-Bern à Raleigh. De cet endroit l'armée de Sherman, considérablement supérieure à celle de l'ennemi par le nombre des soldats et surtout par l'habitude de la victoire, pouvait non-seulement tenir Johnston en échec, mais encore, au premier appel, coopérer avec l'armée de Grant, éloignée de 200 kilomètres à peine. Quant à Sherman lui-même, il se rendit aussitôt à la forteresse Monroe pour assister au conseil de guerre où furent débattues les dernières mesures qui devaient porter le coup de grâce à la rébellion.

Pendant l'hiver exceptionnellement rude qu'avaient eu à subir les belligérans sur les bords du James et du Potomac, les deux armées avaient joui d'une tranquillité relative; mais cette tranquillité même avait été fatale à la confédération, car chaque jour était une lutte contre les difficultés sans cesse croissante qu'offraient le recrutement et les approvisionnemens. Après la chute des forts qui défendaient l'entrée de la rivière de Wilmington, la situation militaire était devenue des plus graves, et déjà l'on avait à combattre un ennemi bien plus terrible que les armées fédérales, la famine. Ce fut bien pis encore lorsque les cavaliers de Sheridan, les ravageurs de la vallée de la Shenandoah débouchèrent dans les plaines de la Virginie par les cols des Montagnes-Bleues et commencèrent à l'est et au nord de Richmond une œuvre systématique de destruction semblable à celle qu'ils avaient accomplie l'année précédente de Strasburg à Waynesborough. Divisées en plusieurs corps qui se présentaient rapidement, tantôt sur un point, tantôt sur un autre, et déjouaient les poursuites de l'ennemi, les forces de Sheridan ne laissèrent derrière elle que des ruines. Sur les chemins de fer de Charlotteville à Lynchburg, tout fut brisé ou livré aux flammes, rails, locomotives, wagons, ponts et viaducs, stations, dépôts de provisions et de marchandises. Sur le canal latéral de la rivière James, principale artère commerciale de Richmond, la destruction fut encore plus complète, on démolit les ponts et les écluses, on coula les bateaux, on perça les digues pour mettre le canal à sec; enfin des centaines de moulins furent incendiés sur les divers cours d'eau qu'eurent à franchir les terribles cavaliers. Lorsqu'ils atteignirent les bords du York-River, après une course de 180 kilomètres à travers la Virginie, Richmond était entièrement privée de ses voies de communication avec les contrées situées à l'est; il ne lui restait d'autre ligne que le chemin de fer de *Danville* pour se mettre en rapport avec l'armée de Johnston et recevoir des approvisionnemens. Aussi la terreur fut grande dans la capitale de la confédération. Jefferson Davis fit un pressant appel aux membres de son congrès pour exciter leur zèle patriotique à cette heure du danger suprême : les priviléges de l'*habeas corpus* furent suspendus de droit comme ils l'avaient été depuis longtemps de fait; les adolescens, les infirmes, les malades furent envoyés, la bêche à la main, aux lignes de fortifications, et le secrétaire des finances, dont le trésor était complétement vide, s'en remit à la charité des riches propriétaires pour obtenir d'eux le cadeau de vaisselle plate et de bijoux. Ces mesures désespérées ne servaient qu'à rendre plus général le sentiment de terreur qui régnait dans la ville, et déjà plusieurs personnages considérables s'échappaient de Richmond pour faire leur paix avec le vainqueur avant le grand jour de la rétribution finale. Tout le monde sentait que Richmond était perdue, et qu'une expédition de Sheridan du côté de Danville et de Lynchburg la livrerait irrévocablement à la merci de Grant.

Cependant le général Lee, en vaillant homme de guerre, ne voulut point succomber sans avoir tenté de percer le cercle de fer qui l'étreignait. Le 25 mars, il fit attaquer soudain par deux divisions les détachemens de fédéraux qui gardaient le fort Steadman, non loin des bords de l'Appomatox, entre Petersburg et City-Point. Son intention était sans doute de couper ainsi l'armée de Grant de son point d'appui sur la rivière James, et de capturer ou de détruire les énormes quantités d'approvisionnemens accumulées sur ce point. Se croyant protégés contre toute attaque par leurs formidables lignes de retranchemens, les fédéraux ne veillaient pas avec soin, et, surpris en petit nombre dans les ouvrages extérieurs, ils durent abandonner successivement les redoutes, puis le fort lui-même. Les confédérés tournèrent aussitôt les canons capturés contre les unionistes; mais l'éveil était donné. De droite, de gauche, les canons prennent les assaillans en enfilade, puis les garnisons des autres redoutes montent à l'assaut de la colline qui porte le fort Steadman, ils escaladent les murailles et coupent la retraite aux soldats ennemis. Cette malheureuse attaque coûta près de 5,000 hommes à l'armée de Lee.

C'était au tour de Grant de prendre l'offensive. Tandis que Lee massait ses troupes à l'est de Petersburg, Grant massait les siennes du côté de l'ouest, et mettait Sheridan à la tête de son avant-garde pour couper enfin cette ligne si bien défendue du *Southside-railroad*, et forcer ainsi son adversaire à évacuer Petersburg et Richmond. Le 29 mars, la cavalerie s'avança du côté de l'ouest jusqu'au ruisseau appelé Gravelly-Run et fit quelques prisonniers. Le lendemain, une pluie battante et des chemins détrempés retardèrent beaucoup les opérations; néanmoins les troupes de Sheridan, se retournant vers le nord, poussèrent devant elles les avant-postes confédérés jusqu'à une petite distance du chemin de fer, près de la station des Five-Forks (*cinq branches*), ainsi nommée à cause des diverses routes qui convergent en cet endroit. Pendant la nuit, le général Lee, décidé à défendre à tout prix cette position, y concentra des forces considérables, et, par une série de sanglantes escarmouches qui se succédèrent durant la journée du 31, parvint à reconquérir le terrain perdu. Toutefois il lui fut impossible de s'y maintenir le quatrième jour de la lutte. Sheridan, s'élançant à cheval à la tête de ses soldats, leur donna l'exemple de l'audace, et d'assaut en assaut les ramena jusqu'à moins d'un kilomètre des Five-Forks. Là s'engagea une bataille furieuse. Appuyés sur des ouvrages réguliers qu'armaient de puissantes batteries, les confédérés ne reculaient plus et défendaient avec le courage du désespoir la position qu'ils savaient être le salut de leur armée et de leur cause. Tout à coup le corps d'infanterie de Warren déboucha sur la droite de la profondeur des bois et prit en flanc les troupes de Lee. En même temps, la cavalerie du général Merrit s'ébranla pour charger l'ennemi pris entre deux feux. Les rebelles, frappés de terreur, épuisés de fatigue, lâchèrent pied, jetèrent leurs armes et se rendirent au nombre de 5,000. Les retranchemens furent emportés, la ligne du Southside coupée. Ce fut là le moment décisif. Dès lors l'armée de Lee put tenter de se défendre, mais elle n'en était pas moins définitivement vaincue.

Le 2 avril, dès la pointe du jour, les fédéraux attaquent avec la certitude de vaincre. Sheridan est sur la gauche, s'appuyant sur la solide position de Five-Forks, conquise la veille; Warren est au centre; Wright, plus rapproché de Petersburg, s'avance sur la droite. Les confédérés, acculés contre les remparts de la place, se défendent avec le courage du désespoir; mais le sol se dérobe sous eux; ils cèdent à l'impétuosité des unionistes, abandonnent successivement leurs diverses lignes de fortifications et laissent leurs adversaires pénétrer dans cette ville de Petersburg autour de laquelle les fédéraux avaient, pendant dix longs mois, si patiemment creusé leurs tranchées. Une cinquantaine de canons, 12,000 prisonniers tombent entre les mains du vainqueur; mais la grande conquête de Grant, c'est de tenir enfin ce chemin de fer de Southside qui lui donne du même coup Petersburg et Richmond. Dès la matinée, au plus fort de la bataille, Lee avait parfaitement compris qu'il serait vaincu ; sans retard il avait expédié un messager à Jefferson Davis pour lui dire que la capitale était perdue et que le gouvernement devait s'enfuir en toute hâte avant que les cavaliers de Sheridan ne lui eussent coupé la route à la station de Burksville. C'était un dimanche; Jefferson Davis était à l'église lorsque le courrier vint lui porter la fatale nouvelle. Aussitôt le service divin est interrompu; la foule se précipite effarée hors des églises et des chapelles, les employés déménagent en toute hâte avec les papiers d'état, les personnages compromis s'échappent ou se cachent, et les membres du cabinet fugitif s'élancent dans les wagons du chemin de fer de Danville, en laissant derrière eux la terreur, le pillage et l'incendie.

Le 2, Petersburg était pris de vive force par le général Parke. Dans la nuit suivante, l'armée de Lee évacuait le fort Darling, Richmond, toutes ces redoutables positions militaires qu'elle avait si longtemps et si vaillamment défendues et dont la prise avait coûté plus de 100,000 hommes à l'armée de Grant. Les confédérés abandonnèrent dans ces places plus de 800 canons de rempart qu'ils n'avaient pas le temps de détruire, mais ils ne manquèrent pas de livrer aux flammes tous les entrepôts, les chantiers et les ponts qu'il leur fut possible d'incendier pendant la précipitation d'une retraite. Bientôt les quartiers de Richmond riverains de la rivière James, où se trouvaient les magasins du gouvernement confédéré, ne furent plus qu'une mer de flammes. Les traînards de l'armée, courant au-devant de l'incendie, pillaient les boutiques et saccageaient les demeures. Dans la crainte des excès terribles auxquels pourrait se livrer cette soldatesque, le conseil municipal de Richmond se réunit en séance secrète et décida que toutes les liqueurs existant dans la ville seraient versées dans les égouts; mais les pillards s'emparèrent eux-mêmes des barriques et dès lors la ville prit l'aspect d'un pandémonium. Richmond n'était plus qu'une ville conquise et ravagée par ses propres défenseurs. De temps en temps d'effroyables détonations faisaient trembler le sol : c'étaient les béliers cuirassés qui faisaient explosion sur le fleuve James et les magasins à poudre qui sautaient dans les faubourgs en tuant et en blessant autour d'eux. Enfin l'arrivée d'un régiment fédéral de soldats noirs commandés par le général Weitzel mit un terme à ce chaos. Anciens esclaves pour la plupart, ces hommes arrivaient en sauveurs de cette ville où pendant quatre ans on s'était évertué avec tant d'acharnement à fonder un empire reposant sur l'éternelle servitude de leur race. Acclamés par leurs frères désormais libres qui se précipitaient au-devant d'eux dans un véritable délire de bonheur, ils reçurent en vainqueurs la capitulation des autorités locales et se mirent aussitôt en devoir de nettoyer la ville des pillards qui la ravageaient; ils arrêtèrent aussi les progrès de l'incendie en circonscrivant à coups de canon la part du feu.

Pendant ce temps, l'armée du sud battait rapidement en retraite, poursuivie par une grande partie des forces de Grant. Lee voulait gagner son adversaire de vitesse jusqu'à la station de Burksville, village où se croisent, à 100 kilomètres environ au sud de Richmond, les deux chemins de fer de Southside (Petersburg à Lynchburg) et du James-River à Danville. Une fois Burksville derrière elle, l'armée de Lee aurait pu se rendre en bon ordre sur les frontières de la Virginie et de la Caroline du Nord, puis opérer sa jonction avec les 35,000 hommes de Johnston, et sur ce nouveau terrain, défendu par les chaînes des Alleghanys, braver encore pendant des mois les efforts réunis de Grant et de Sherman. Malheureusement pour elle, il lui fallait traîner un long convoi d'approvisionnemens et de munitions, et l'armée fédérale avait déjà une certaine avance, puisqu'elle se trouvait au sud de l'Appomatox et que par sa gauche elle s'étendait jusqu'au-delà de Five-Forks.

Durant six jours, ce fut de part et d'autre une lutte de vitesse; mais pour les confédérés cette lutte était désespérée. Dès l'après-midi du 4 avril, moins de deux jours après la grande bataille de Petersburg, Sheridan, à la tête de sa cavalerie et d'un corps d'infanterie, atteignait à Jettersville le chemin de fer de Richmond à Danville et faisait élever à la hâte des retranchemens temporaires pour barrer la route à l'armée de Lee; plus tard, dans la nuit, le corps du général Ord, suivant la voie ferrée de Southside, arrivait à Burksville et s'emparait du point de croisement des chemins de fer. Lee, plus lent dans ses mouvemens, trouva la route gardée par deux corps de l'armée fédérale lorsqu'à son tour il arriva sur le chemin de Danville, au sud de l'Appomatox. Ses troupes étaient trop affaiblies pour qu'il pût tenter de s'ouvrir un passage à travers les lignes ennemies. Il lui fallut donc lever son camp pendant la nuit, changer son plan de marche et faire prendre à ses soldats épuisés le chemin de Lynchburg, dans l'espérance qu'en s'appuyant sur cette place forte il pourrait peut-être gagner la Caroline du Nord. Par ce brusque changement de direction le général confédéré trompa un instant Sheridan, qui croyait pouvoir obliger son adversaire à capituler; mais à peine les unionistes eurent-ils découvert la manœuvre de Lee, qu'eux aussi changèrent de direction et s'élancèrent au nord-ouest pour atteindre les premiers la forte position de Farmville et le High-Bridge, que devaient traverser les fuyards pour se rendre de nouveau au nord de la rivière Appomatox. Un petit détachement de fédéraux atteignit en effet le pont;

mais à peine s'y était-il retranché qu'à son tour l'avant-garde de Lee arrivait au galop de ses chevaux et taillait en pièces le faible groupe des hommes du nord. Toutefois le gros de l'armée de Lee était encore éloigné. La cavalerie de Sheridan et le corps de Wright ne cessaient de la harceler sur les flancs, tandis que le corps de Humphrey la suivait pour ramasser les traînards et canonnait l'arrière-garde. Au passage du Sailor's-Creek, petit affluent de l'Appomatox, plusieurs régimens de Lee s'arrêtèrent pour protéger le train d'approvisionnemens qui traversait le vallon, mais en vain : presque tout le convoi fut capturé et ceux qui le défendaient furent mis en déroute. De son côté, Sheridan avait réussi à distancer les fugitifs, et lorsque la nuit tomba, il avait déjà fait de 6 à 7,000 prisonniers, parmi lesquels Ewell et dix autres officiers-généraux. Pendant la nuit du 5 au 6, une moitié de l'armée fédérale, épuisée de fatigue, campa sur le champ de bataille; mais les généraux Ord et Sheridan continuèrent la poursuite en gagnant de vitesse l'ennemi qui fuyait toujours. Le lendemain, le demi-cercle mobile de fédéraux se rétrécit graduellement autour de l'armée en déroute, et le 7 enfin, alors que Lee faisait un effort désespéré pour se dégager de l'étreinte à force de rapidité, il vint tout à coup se heurter contre les troupes du général Ord, qui, par un grand détour sur la gauche, s'étaient postées au village d'Appomatox-Court-House, en travers de la route suivie par les soldats de Lee. Après cette fuite de près de 200 kilomètres à travers un pays coupé de ravins, de bois et de torrens, après cet incessant combat de plusieurs jours pendant lequel ils avaient vu tomber de fatigue, de faim ou sous les balles de l'ennemi un si grand nombre de leurs compagnons, les fuyards se trouvaient enfin cernés. En d'autres temps, ils auraient essayé de combattre et de s'ouvrir un chemin à travers cette haie vivante; mais que pouvaient-ils faire sans vivres, sans canons, presque sans armes, et surtout avec la conscience que leur cause était irrévocablement perdue?

C'est alors que Grant demanda au général Lee la reddition de son armée. Sans hauteur, sans fantaisie théâtrale, sans vaines réminiscences classiques, le modeste vainqueur exposait simplement la situation, et par des paroles empreintes d'un mâle bon sens il conseillait à son adversaire de se rendre. Lee, qui la veille encore était le bras droit d'un empire, ne rejeta point d'une manière absolue les propositions honorables qui lui étaient faites, il prétendit seulement que le temps n'était pas encore venu de les lui faire, et, comme un lion enfermé dans une arène, il chercha quelque issue à travers les lignes fédérales. Grant néanmoins continua ses ouvertures pacifiques, et le 9 avril Lee capitula au nom des 25,000 hommes qui lui restaient encore de son armée jadis si brillante. D'ailleurs les vaincus étaient traités avec une bienveillance inouie. Tous les officiers pouvaient s'en retourner librement en gardant leurs armes, et les soldats, en livrant leurs fusils, recevaient l'autorisation de retourner dans leurs foyers à la condition de promettre obéissance à la constitution et aux lois des États-Unis. Encore, par excès de générosité, laissa-t-on plus de moitié de l'armée confédérée se débander sans même lui demander livraison des armes. On se contenta de fournir des vivres à ces pauvres soldats, dont plusieurs n'avaient pas mangé depuis trente-six heures.

La nouvelle de cette capitulation si honorable pour les vaincus, si magnanime de la part des vainqueurs, arriva dans la nuit à Washington, et de là, courant comme la foudre, alla réveiller toutes les villes du nord, où on l'accueillit avec des cris d'enthousiasme, de joyeux carillons et des salves d'artillerie. C'était la paix, la réconciliation, l'union durable avec les populations du sud que l'on saluait avec tant de bonheur. Il restait bien encore à la cause de la rébellion l'armée de Johnston, et çà et là quelques escadrons de cavaliers errans; mais qui donc oserait combattre après la reddition de Lee, qui donc tenterait de résister aux armées réunies de Grant, de Sherman, de Schofield et de Thomas, alors que Jefferson Davis était en fuite et que le généralissime des forces rebelles avait rendu son épée en reconnaissant que la cause était perdue? D'ailleurs, chaque dépêche du sud était un bulletin de victoire. C'était Stoneman qui sortait de Knoxville pour franchir les Alleghanys et s'emparer sur les derrières de Johnston des villes les plus importantes de la Caroline du Nord; c'était Thomas qui pénétrait dans l'intérieur de l'Alabama et faisait tomber successivement les places de Selma et de Montgomery; c'était Canby qui se rapprochait de Mobile en prenant sur les bords de la baie forteresse après forteresse. Tellement sûr était le triomphe prochain que, d'accord avec le général Grant, le secrétaire de la guerre avait déjà donné des ordres pour arrêter la conscription, cesser les achats de munitions et rayer des cadres un grand nombre d'officiers désormais inutiles. Ainsi la terrible guerre, l'une des plus effrayantes qu'ait jamais éclairées le soleil, était bien finie et se terminait par la victoire définitive de la liberté. « Thémis, qui assemble, maintient et dissout les sociétés humaines (1), » n'avait pas voulu que le nouvel empire, basé sur l'iniquité, pût continuer de vivre.

La joie populaire était si grande qu'en ces jours d'effusion les vainqueurs, c'est-à-dire la nation tout entière, se sentaient bons

(1) *Odyssée*, livre III.

et magnanimes. Chacun demandait une réconciliation complète avec les états du sud, une amnistie sans condition, même pour Jefferson Davis et les autres instigateurs de tant de forfaits. Et celui qui demandait le plus haut et avec le plus d'autorité qu'au terrible règne de la force succédât l'oubli des injures, c'était le président Lincoln, magistrat suprême de la république.

Déjà le discours qu'il avait prononcé le 4 mars, jour de sa deuxième inauguration présidentielle, annonçait d'avance avec quelle mansuétude il se promettait d'agir envers les rebelles lorsqu'ils seraient enfin soumis. Ce discours peint l'homme tout entier : c'est bien là sa pensée lente, mais ferme, son amour inébranlable du devoir, sa persévérance inflexible, sa haute morale revêtue des formes religieuses; c'est bien aussi son extrême modération, sa tendresse pour les vaincus. A la veille de procurer un triomphe décisif à la cause de l'Union, il ne fait point entendre ces paroles orgueilleuses qui d'ordinaire sortent de la bouche des vainqueurs; il s'humilie au contraire, il prend pour lui et pour le peuple la part de responsabilité qui leur incombe, il confesse le grand crime national et reconnaît la justice de l'immense châtiment. Ce discours triste et cependant serein est la confession suprême d'un homme qui va mourir :

« .....Il y a quatre ans, à cette même époque, chacun s'inquiétait des menaces de la guerre civile. Cette guerre, tous la redoutaient, tous essayaient de la rendre impossible. Tandis que je lisais ici le discours d'inauguration, avec l'unique désir de *sauver* l'Union sans guerre, des agens d'insurrection étaient dans cette ville cherchant à *détruire* l'Union sans guerre, cherchant à la dissoudre par des négociations. Les deux partis repoussaient la guerre, mais l'un était résolu à *faire* la guerre plutôt qu'à laisser survivre la nation; l'autre était résolu à *accepter* la guerre plutôt qu'à laisser la nation périr, et la guerre est arrivée.

« Un huitième de la population totale se composait d'esclaves de couleur non répartis uniformément dans les divers états de l'Union, mais réunis dans les contrées du sud. L'esclavage constituait un intérêt particulier et puissant. Tout le monde savait que cet intérêt était au fond la cause de la guerre. Fortifier, perpétuer, étendre cet intérêt, tel était le but pour lequel les insurgés voulaient briser l'Union, fût-ce même par la guerre, tandis que le gouvernement ne réclamait d'autre droit que d'arrêter les empiétemens territoriaux de l'esclavage.

« Aucun des deux partis ne s'attendait à une guerre aussi terrible et aussi prolongée. Aucun ne s'imaginait que la cause de la guerre disparaîtrait peut-être avant que la lutte elle-même eût pris fin. Chacun d'eux croyait à un triomphe plus facile, à un résultat moins radical et moins étonnant.

« Dans les deux partis on lit la même Bible, l'on prie le même Dieu, on invoque son aide toute-puissante. Il peut sembler étrange que des hommes osent demander l'assistance d'un Dieu juste, tout en pétrissant leur pain avec la sueur du front d'autrui; mais « ne jugeons pas de peur d'être jugés nous-mêmes. » Les prières des deux partis ne pouvaient pas être entendues, aucune n'a été pleinement exaucée. Le Tout-Puissant a ses propres desseins. « Malheur au monde à cause du scandale, car il faut qu'il y ait des scandales, mais malheur à celui par qui le scandale arrive! » Si nous admettons que l'esclavage américain est un de ces scandales, qui selon la providence de Dieu doivent nécessairement arriver, mais que la volonté divine veut bien écarter après le temps prescrit, si nous admettons qu'il inflige cette terrible guerre au nord et au sud comme le châtiment dû à ceux par lesquels le scandale s'est produit, y verrons-nous rien de contraire à ces divins attributs que les adorateurs du Dieu vivant reconnaissent en lui?

« Nous espérons du fond du cœur, nous prions ardemment que ce terrible fléau de la guerre s'éloigne bientôt de nous. Cependant si Dieu veut que cette guerre continue jusqu'à ce que soient anéanties toutes les richesses accumulées par les deux cent cinquante années de travail gratuit imposé aux esclaves, si Dieu veut que chaque goutte de sang ruisselant sous le fouet soit payée par une autre goutte de sang jaillissant sous l'épée, ainsi qu'il a été dit il y a trois mille ans, eh bien! nous répéterons encore « que les jugemens du Seigneur sont la vérité et la justice même. »

« Sans haine envers personne, avec amour pour tous, avec fermeté dans le droit, tel que Dieu nous donne de le voir, faisons tous nos efforts pour achever l'œuvre que nous avons commencée, pour panser les blessures de la nation, pour prendre soin de celui qui a porté le faix de la bataille ou protéger sa veuve et ses orphelins, pour faire tout ce qui pourra établir et rendre plus sincère une paix juste et durable parmi nous et avec les autres nations. »

Tels étaient les sentimens du président Lincoln. Le lendemain de la prise de Richmond, il avait parcouru la ville conquise, et partout il avait témoigné aux vaincus le désir de voir au plus tôt disparaître les traces de la guerre. Il préparait sa proclamation de pardon, de paix et d'oubli, il n'avait plus qu'une pensée, celle de la concorde entre frères et compatriotes, quand tout à coup l'Amérique retentit d'un cri d'horreur : « Lincoln est mort assassiné! » Comme si rien ne devait manquer à cette guerre épique, l'homme dont le nom s'était identifié avec la cause de la liberté, et qui, plus que tout autre, avait contribué au grand triomphe, cet homme succombait au sein même de la victoire; devenu président de l'Union américaine au moment où les planteurs rebelles fondaient leur confédération esclavagiste, il périssait, après quatre années d'une lutte formidable, en même temps que le nouvel empire et que l'esclavage, cause première du grand conflit. Certes, si l'honnête et simple Lincoln avait jamais rêvé de mourir en pleine gloire, il n'aurait pu souhaiter une fin plus grandiose que ne le fut la sienne. L'épopée de la prodigieuse guerre civile se dénouait par sa mort; lui dernier, comme pour mettre un terme à l'immense carnage, il tombait après les 600,000 victimes plus obscures, mais non moins dévouées que lui, qui, pendant les quatre terribles campagnes, s'étaient volontairement sacrifiées au salut de la république; il fermait la marche derrière cette interminable procession de cadavres. A la nouvelle de sa mort, la grandeur de la guerre américaine se révéla tout à coup, même aux ennemis les plus acharnés de la cause représentée par Lincoln. Non-seulement on admira ce qu'il y avait de beau dans l'existence de cet homme dont la douceur et la force d'âme ne s'étaient jamais démenties au milieu d'effroyables revers et d'un triomphe éclatant, mais on comprit aussi que cette vie n'offrait rien d'exceptionnel dans un pays habitué à la liberté, et l'on sentit la force d'un peuple qui compte de pareils citoyens parmi ses bûcherons.

Le 14 avril 1865, on donnait au théâtre de Ford, à Washington, une représentation extraordinaire à laquelle devaient assister Lincoln, le secrétaire de la guerre Stanton et le général Grant. Au dernier moment, celui-ci dut partir pour le nord; M. Stanton, infatigable travailleur, ne voulut pas interrompre sa besogne; mais le président, qui avait longtemps hésité à cause de sa fatigue, finit par se rendre au théâtre avec sa femme et quelques amis. Le troisième acte venait de commencer lorsque la foule réunie dans la salle entendit soudain retentir un coup de pistolet, puis elle vit un homme s'élancer de la loge du président et sauter sur la scène en brandissant un poignard. On entendit une voix s'écrier : *Sic semper tyrannis!* C'était la voix du meurtrier de Lincoln; il renversa tous ceux qui cherchaient à l'arrêter, s'échappa du théâtre par les coulisses, bondit sur un cheval que lui tenait un affidé et disparut dans la nuit. L'horrible drame s'était accompli d'une manière si rapide que la plupart des spectateurs ignoraient encore ce qui venait d'arriver. Les cris de Mme Lincoln, les sanglots, les exclamations d'effroi des personnes les plus rapprochées de la loge présidentielle, firent enfin connaître la douloureuse vérité. Lincoln, atteint d'une balle dans le cervelet, avait immédiatement perdu connaissance, et le sang échappé de la blessure coulait lentement sur ses cheveux. Cependant on voulait espérer encore : on emporta le blessé dans une maison voisine, des chirurgiens furent appelés en toute hâte, mais il n'y avait rien à faire. Dans la matinée, « l'honnête Abraham » expira sans avoir donné aucun signe de souffrance.

Tandis que s'accomplissait le meurtre de Lincoln, un autre assassin pénétrait dans la demeure du secrétaire Seward, déjà grièvement blessé par suite d'une chute de voiture. L'étranger se disait porteur d'une prescription médicale, et comme on lui refusait l'entrée, il écarta violemment le domestique qui lui barrait le passage, fracassa de la crosse de son pistolet le crâne du jeune Frederick Seward, blessa le major Seward et deux autres personnes qui se trouvaient dans la chambre, puis s'élança vers le malade qu'il essaya de poignarder à plusieurs reprises. L'énergique vieillard se défendit en désespéré, il serra convulsivement ses couvertures autour de son cou, mais il ne put garantir son visage qui fut balafré en plusieurs endroits. Enfin le forcené, croyant son œuvre terminée, se retourna vers la porte et s'enfuit avant qu'on eût pu donner l'éveil.

On sut plus tard, à n'en pouvoir douter, que le plan des conjurés était de tuer en même temps les hommes les plus considérables de la république, le président Lincoln, le vice-président élu Andrew Johnson, le secrétaire Seward, M. Stanton et le général Grant. En diverses occasions, ainsi que de nombreux témoignages l'établirent, les assassins avaient cru trouver le moment propice à leur multiple attentat, mais par suite de circonstances imprévues ils avaient toujours été forcés de le différer. Enfin, la représentation extraordinaire du 14 avril paraissant de nature à les favoriser dans leur tentative, ils résolurent de tuer en plein théâtre le président, le général Grant et le secrétaire Stanton, tandis que M. Seward, retenu sur son lit de maladie, et le vice-président Johnson seraient assassinés dans leurs demeures. Les meurtriers espéraient ainsi pouvoir décapiter la république, en se débarrassant à la même heure des personnages les plus marquans de l'Union : ils croyaient peut-être dans leur aveuglement qu'un retour soudain de la fortune serait la conséquence de l'horrible meurtre, et qu'à la faveur de la panique générale produite dans les états libres par la mort de Lincoln et des autres grands fonctionnaires de l'Union les esclavagistes rentreraient triomphalement à Washington. C'étaient là d'étranges illusions. Toutefois, des cinq victimes désignées, une seule, la plus illustre, devait être frappée à mort ; les autres échappèrent grâce à des circonstances fortuites et à l'hésitation de quelques-uns des conjurés.

Quant au meurtrier de Lincoln, John Wilkes Booth, celui-là semble n'avoir jamais tremblé devant son œuvre, et c'est par un fanatisme sincère, implacable, qu'il s'était armé contre le « tyran » Lincoln. Fils d'un tragédien anglais célèbre qui avait passé plusieurs années de sa vie en Amérique, Wilkes Booth était lui-même un bon acteur, et souvent il avait été salué par les applaudissemens de la foule enthousiaste dans ce même théâtre de Ford où il devait figurer plus tard en un si horrible drame. Jeune encore, beau de forme et de visage, éloquent, passionné, Booth jouissait d'une sorte de prestige parmi ses compagnons, et cette autorité morale, jointe à de nombreux succès obtenus auprès des femmes, avait contribué, avec sa vanité naturelle, à lui donner une confiance absolue dans ses propres jugemens : il se croyait un oracle. Initié de bonne heure aux mystères de la chevalerie du cycle d'or, fervent adepte de la nouvelle doctrine de servitude formulée par les Calhoun, les Hammond, les Fitzhugh, les Mason, il n'admettait pas que l'institution servile pût être discutée. Il se faisait gloire d'avoir été au nombre des citoyens zélés qui pendirent John Brown. Il regrettait que la potence ne fût pas réservée à tous ces abolitionistes qui ne voient pas dans l'esclavage « le plus grand bienfait accordé par Dieu à une nation favorisée. » Avec de pareils sentimens, un homme brave comme il l'était ne pouvait assister les bras croisés à la ruine de la confédération esclavagiste. De concert avec une dame Surratt, dont le fanatisme, surexcité par une rigide piété catholique, n'était pas moins violent que le sien, il ourdit une conspiration pour attenter à la vie du président et des principaux membres de l'administration. On connaît l'histoire lugubre de l'attentat. Après avoir rempli, avec une audace qui ne se démentit pas un instant, le terrible rôle qu'il s'était réservé dans l'affaire, Booth s'enfuit en Virginie, mais une blessure qu'il se fit en tombant de cheval et que soigna un médecin complice l'empêcha de continuer sa route vers le sud : il se retira, en compagnie d'un autre conjuré, dans une grange isolée, près de Port-Royal, sur les bords du Rappahannock. Un détachement de soldats fédéraux l'y découvrit le 26 avril pendant la nuit. Son compagnon, comprenant que toute résistance était inutile, se rendit à la première sommation, mais Booth se préparait à sortir pour vendre chèrement sa vie, lorsqu'il reçut une balle de pistolet dans la tête : bientôt après il expirait sur une civière. Son complice Payne, l'assassin du secrétaire Seward, avait été pris quelques jours auparavant dans la maison de Mme Surratt.

VI. — LA PRÉSIDENCE D'ANDREW JOHNSON ET LE RÉTABLISSEMENT DE LA PAIX.

Inauguration du nouveau président. — Reddition de l'armée de Johnston. — Dispersion des forces confédérées de la Louisiane occidentale et du Texas. — Capture de Jefferson Davis. — Licenciement de l'armée fédérale; vente du matériel et des approvisionnemens militaires. — État général des finances nationales. — Réorganisation provisoire des états du sud. — Attitude des États-Unis vis-à-vis de la Grande-Bretagne et de la France. — Réunion du trente-neuvième congrès. — Proclamation officielle de l'abolition de l'esclavage. — État général des affaires.

L'élévation du vice-président Andrew Johnson à la première magistrature de la république était envisagée avec une certaine appréhension par un grand nombre de citoyens. Comme gouverneur militaire du Tennessee il avait donné des gages de patriotisme, d'énergie et d'intégrité, il avait réprimé avec vigueur, au milieu d'une société hostile, toutes les tentatives de rébellion, et bien que le Tennessee ne fût pas compris dans la proclamation présidentielle d'affranchissement, il n'en avait pas moins eu l'audace révolutionnaire d'abolir l'esclavage. Malheureusement il s'était aussi trop souvent signalé par l'excessive violence de son langage, et l'on craignait qu'après le terrible drame de la mort de Lincoln il ne se fît aussitôt l'instrument aveugle des vengeances populaires et n'altérât le caractère de magnanimité qu'avait eu la victoire. On redoutait également de sa part une politique trop aventureuse dans ses rapports avec les puissances étrangères. Ce n'est pas tout : un mois auparavant, lors de son installation comme vice-président de la république, il avait donné au sénat un triste spectacle : les yeux égarés, la figure empourprée, l'attitude chancelante, il avait essayé de prononcer un discours dans cette occasion solennelle; mais seulement quelques paroles vides de sens étaient sorties de sa bouche. Le vice-président que le peuple américain venait d'élire par 4 millions de voix était-il donc sous l'influence de l'ivresse? Et de pareilles scènes devaient-elles se renouveler au grand scandale du peuple et des nations étrangères? Après la mort de Lincoln cette question, dans laquelle est impliquée jusqu'à un certain point la dignité du pays, se posa devant les esprits.

La plupart des actes du nouveau président furent ceux qu'on pouvait attendre d'un digne successeur d'Abraham Lincoln. Il maintint dans ses fonctions le cabinet tout entier et se contenta de donner un remplaçant temporaire à M. Seward, dont la vie était encore en danger. Dans une proclamation énergique, il rassura le peuple, tout en déclarant sans emphase, mais avec fermeté, que la rébellion des planteurs serait certainement jugée et punie comme un crime. Il se montra très conciliant à l'égard du représentant de l'Angleterre, M. Frederick Bruce, qui déjà se préparait à prendre ses passeports à cause des affaires du Canada; enfin il ne négligea aucune occasion de montrer que la politique des États-Unis n'était en rien changée par le déplorable malheur qui venait de s'accomplir. Il est vrai, le président Johnson montra tout d'abord par sa décision, la netteté et la force de son langage, qu'il ne serait pas tout simplement « l'exécuteur testamentaire de Lincoln »; mais sa politique était, comme celle de son devancier, dictée par le respect sincère de la constitution et des lois de son pays.

Le 19 avril 1865, à peine quatre jours après son inauguration, le président Johnson eut à donner une preuve de sa fermeté. Le général Sherman, le vainqueur d'Atlanta, de Savannah et de Charleston, toujours un peu brusque dans ses décisions, avait pris sur lui d'accorder au général confédéré Johnston une trêve durant laquelle les conditions d'une amnistie générale pour toutes les troupes sécessionistes devaient être débattues et fixées. En signant cette convention, Sherman excédait ses pouvoirs, qui étaient purement militaires. En effet, les conditions accordées impliquaient la reconnaissance du gouvernement rebelle et désarmaient la justice nationale. Aussi le secrétaire de la guerre Stanton et le président Johnson n'hésitèrent-ils pas un seul instant à déchirer le traité signé par le général Sherman, et, dénonçant l'amnistie accordée par lui, ils lui ordonnèrent de poursuivre les rebelles. En même temps, le général Grant partait pour la Caroline du Nord, afin de diriger lui-même les opérations; toutefois, par amitié pour Sherman et par modestie naturelle, il ne voulut pas user de ses pouvoirs, et, le 26 avril, lorsque Johnston offrit de se rendre, avec ses 37,000 hommes, aux mêmes conditions que l'armée de Lee, c'est à Sherman que fut réservé l'honneur de recevoir la capitulation, dernier acte de la grande guerre. Aux États-Unis, où la liberté républicaine est entrée dans les mœurs, le blâme infligé au général Sherman n'étonna personne; mais en Europe on fut vivement frappé de voir un ancien tailleur, élu président depuis quelques jours à peine, mettre tranquillement à néant les conventions signées par un chef militaire que suivaient 80,000 hommes et que ses étonnantes victoires avaient placé au premier rang dans l'amour du peuple. On avait souvent répété que le premier résultat de la guerre serait de livrer les libertés américaines à un soldat heureux, et voici que le général le plus populaire courbait humblement la tête devant le désaveu d'un magistrat civil.

Après la reddition de l'armée de Johnston, il ne restait plus que les troupes confédérées du Texas et de la Louisiane occidentale, et quelques bandes éparses dans les états du Tennessee, du Mississipi, de l'Alabama et de la Georgie. Déjà le 12 avril, à la veille de la mort de Lincoln, Montgomery, capitale de l'Alabama et premier siége du congrès de la confédération rebelle, était tombé aux mains des fédéraux; le même jour les forts et la ville de Mobile avaient été pris, avec 300 canons et 3,000 prisonniers, par les généraux Granger et Canby : il devenait donc tout à fait impossible aux quelques milliers de confédérés restés en armes au-delà du Mississipi de songer à une plus grande résistance. Le 5 mai, le général Taylor, commandant les séparatistes du Texas, négocia la reddition de son armée. Forrest lui-même, tout couvert du sang si cruellement versé dans Fort-Pillow, voulut profiter des avantages de l'amnistie, et les ennemis les plus irréconciliables de l'Union, le commodore Maury, les généraux Shelby, Kirby-Smith, Magruder, se réfugièrent au Mexique pour offrir leurs services à l'empereur Maximilien; bientôt il ne resta plus qu'un petit nombre de bandits tenant la campagne pour leur propre compte dans les districts écartés.

Pendant ce temps, que devenait Jefferson Davis, l'ancien dictateur que les planteurs rebelles avaient choisi pour leur chef à cause de son intraitable volonté, de sa persévérance à toute épreuve et de son inébranlable haine pour les *Yankees* du nord? Il était poursuivi comme un vil criminel, comme l'un des complices présumés du meurtre de Lincoln, et, suivant la laide coutume des lois anglaise et américaine, une forte récompense était promise à tout citoyen qui s'emparerait de sa personne. Toutefois on ne doutait guère qu'il échappât, grâce à la connivence des populations du sud, vaincues seulement de la veille : on racontait même dans le nord qu'il était déjà hors d'atteinte; on l'avait vu à Nassau, à la Havane, aux Bermudes. Tout à coup on apprit qu'il était tombé aux mains d'un détachement de fédéraux : le 10 mai, plus d'un mois après la reddition de Lee, le fugitif venait d'être découvert dans un bois de la Georgie méridionale.

Si la mort de l'honnête Lincoln fut vraiment épique à cause de la série de victoires qui l'avait précédée et de l'immense deuil de la nation, la capture de Jefferson Davis parut en revanche une lugubre dérision de la destinée qui s'acharne contre les hommes tombés. En partant de Danville, qu'il avait provisoirement désignée comme capitale de la confédération, le président fugitif avait autour de lui 5,000 hommes de troupes choisies; il était encore souverain, un cabinet de ministres l'accompagnait, un reste de congrès le suivait en wagons. Il fit une nouvelle halte à Greensborough, où il essaya d'empêcher la capitulation du général Johnston, mais ses ordres n'étaient plus entendus, et de peur d'être pris entre deux feux par les armées de Sherman et de Stoneman, qui se rapprochaient rapidement, il dut continuer au plus vite sa route vers le sud. La petite ville de Charlotte reçut à son tour le titre de capitale, mais cet honneur lui resta quelques jours à peine, M. Davis dut s'enfuir de nouveau. Son escorte était déjà bien diminuée. Tous les soirs, après les fatigues de la marche, il réunissait ses hommes et se promenait au milieu d'eux en distribuant les poignées de main, les encouragemens, les flatteries. Il promettait aux uns de l'avancement, aux autres de l'argent; il invitait les jeunes ambitieux à le suivre dans sa tente et les présentait à sa famille en louant leur vaillance et leur patriotisme; mais les soldats qui consentaient à partager sa fortune étaient de moins en moins nombreux : après avoir été des milliers, puis des centaines, ils ne se comptaient plus que par dizaines. A chaque étape quelques hommes se détachaient du gros de la troupe et reprenaient le chemin de leurs foyers. De tous côtés des détachemens de fédéraux battaient la campagne pour reconnaître les traces des fugitifs et leur couper la route vers la mer. Enfin la piste fut découverte par le général Wilson, et le petit groupe de fidèles qui accompagnait Davis fut surpris dans un bois, non loin d'Irwinsville, au centre de l'état de la Géorgie et à 200 kilomètres environ de la côte maritime la plus rapprochée. L'ancien président, le dictateur superbe qui naguère avait pu envoyer des centaines de mille hommes sur les champs de bataille, connut sans doute alors les angoisses de la peur. Affublé d'une crinoline et d'une robe de femme, la figure cachée par un voile, il essaya de s'esquiver, mais ses bottes à éperons le trahirent, et sous ce triste accoutrement on découvrit ce Jefferson Davis qui. l'année précédente, avait été le maître de dix millions d'hommes. Il fut ramené vers le nord, puis enfermé dans la forteresse Monroe, à l'entrée de la rivière James, dont les eaux baignent à l'ouest la ville de Richmond : c'est dans cette prison qu'il se trouvait encore au commencement de 1866. Nul doute que si le président Johnson et le *chief-justice* Chase se fussent empressés de faire mettre Jefferson Davis en jugement, la vie de l'ancien chef des confédérés n'eût été très sérieusement menacée, car la loi relative à la haute trahison est formelle, et personne ne tombait plus que « l'archirebelle » sous le coup de cette terrible loi. En outre, l'opinion publique était alors très exaltée contre lui : on lui reprochait nonseulement le forfait de rébellion, mais aussi d'autres crimes vulgaires. On l'accusait d'avoir, comme ministre de Buchanan, pillé les arsenaux du nord et fait disparaître les munitions; d'avoir, comme président de la confédération esclavagiste, sanctionné les horribles massacres du fort Pillow; d'avoir donné le titre d'officiers du sud aux meurtriers de Saint-Albans et du lac Érie, aux incendiaires de l'*Alabama*, de la *Florida*, du *Tallahassee*; d'avoir au moins fermé les yeux quand il s'était agi d'incendier les villes du nord; d'avoir enfin laissé périr, par la lente agonie de la faim, de la pourriture et du manque d'air, les milliers de prisonniers entassés dans les étroites prisons de Libby, de Belle-Isle, d'Andersonville, de Salisbury. C'est précisément pour ces crimes que le capitaine Wirtz, le geôlier d'Andersonville, fut condamné à la pendaison, et cependant cet officier subalterne avait-il fait autre chose qu'exécuter des ordres? Il est donc à présumer que ce fut pour faire échapper Jefferson Davis à la mort qu'on laissa plus d'une année s'écouler depuis sa capture avant de le mettre en jugement.

La guerre finie, il s'agissait d'en faire disparaître au plus tôt les terribles traces. Dès la fin du mois de mai 1865, le président Johnson publia un édit d'amnistie en vertu duquel tous les petits blancs du sud, tous les soldats confédérés au-dessous du grade de colonel, tous les marins au-dessous du grade de lieutenant, en un mot tous ceux qui composent la masse du peuple, étaient purement et simplement réintégrés dans leurs droits civils et politiques. Les dignitaires de l'ancienne confédération, les hauts officiers de l'armée et de la marine du sud, les propriétaires fonciers ayant une fortune imposable de plus de 100,000 francs, c'est-à-dire cette puissante aristocratie qui s'était mise à la tête de la rébellion, restaient provisoirement exclus du nombre des citoyens, et pour rentrer dans le sein de la république ils demeuraient tenus de prêter le serment d'allégeance et d'adresser une requête personnelle au président. Aussitôt les bureaux de la Maison-Blanche furent assaillis journellement par des centaines de solliciteurs demandant d'être réintégrés dans leurs droits de citoyens. Pendant plusieurs semaines, l'examen des pétitions présentées par les notables du sud fut l'occupation presque exclusive du président Johnson.

De son côté, le secrétaire de la guerre Stanton avait à mener à bonne fin le licenciement de l'armée. Autant il avait déployé d'énergie pendant les quatre années de la grande lutte pour organiser, recruter et nourrir les millions d'hommes qui avaient sauvé la république, autant il mit de zèle au lendemain de la victoire pour faire rentrer les volontaires dans la vie civile et supprimer cet immense établissement militaire qui avait coûté tant de milliards et tant de peines à édifier. Loin de mettre de l'ostentation, comme l'eussent fait certains gouvernemens d'Europe, à maintenir sous les drapeaux une partie considérable de cette armée de plus d'un million de soldats, l'administration fédérale semblait avoir au contraire pour soin principal de s'en débarrasser au plus tôt. Au bruit du canon des dernières batailles, M. Stanton avait déjà donné l'ordre de suspendre les enrôlemens et commencé le licenciement des troupes les plus éloignées du théâtre de la guerre. Pendant les premiers mois qui suivirent la capitulation du général Johnston, c'est par centaines de mille que les soldats furent renvoyés à la charrue, dans les usines et dans les comptoirs. Cinquante mille agens du commissariat militaire reçurent simultanément leur congé dans l'espace de quelques semaines, et le travail fut interrompu dans toutes les fabriques d'armes et les fonderies. Bien plus, on mit aux enchères d'immenses quantités de matériel de guerre, canons, fusils, sabres, pistolets, munitions; on démolit les casernes et les hôpitaux pour en vendre les pierres; on adjugea en bloc des forts, des redoutes, des fortifications de campagne, des chemins de fer tout entiers, à des spéculateurs privés et à des compagnies d'industriels. On ne se défit pas moins rapidement du matériel naval devenu disponible : quatre cents embarcations de toutes formes et de tout tonnage furent mises en vente; des cent vapeurs qui composaient la flotte mississipienne, soixante-quinze furent immédiatement cédés à des commerçans du fleuve et débarrassés de leurs canons, de leurs engins de guerre, de leurs armatures de tôle épaisse. Le gouvernement des États-Unis ne gardait de son immense flotte de plus de 600 navires que les frégates cuirassées, les vaisseaux de combat, quelques transports et les embarcations indispensables à la surveillance des côtes.

Ce prodigieux désarmement de la république américaine, unique dans les annales des gouvernemens, s'accomplit d'ailleurs de la manière la plus simple et sans produire le moindre désordre commercial. Avec cette présence d'esprit et ce bon sens qui distinguent les Américains, les soldats congédiés changèrent immédiatement leur genre de vie pour se remettre au travail. Les généraux, que d'ailleurs ne distinguent ni croix, ni rubans, trouvèrent facilement de grandes positions industrielles comme directeurs d'usines, ingénieurs, administrateurs de chemins de fer; mais quant aux officiers d'un grade peu élevé, ils reprirent pour la plupart, côte à côte avec leurs soldats, les occupations qu'ils avaient dû quitter pour aller sur les champs de bataille. Dans mainte usine on vit des capitaines et des majors redevenir tout simplement et sans affectation les égaux de leurs anciens subordonnés; rien ne rappelait la stricte discipline de la veille, si ce n'est de vains titres accordés par politesse et par habitude. Dans les états du sud, les transformations de l'état social s'accomplissaient avec la même rapidité. Robert Lee accepta le titre de directeur du collége de Lexington, en Virginie; d'autres généraux se firent comptables, industriels. Les mêmes soldats qu'on avait chargés d'enlever les rails des chemins de fer et d'arrêter les convois se présentaient maintenant en foule pour reconstruire les ponts brûlés, poser de nouveau les traverses et lancer les trains sur les voies réparées. Par une sorte de changement à vue, la paix et l'industrie avaient succédé si rapidement à la terrible guerre qu'en juin déjà le télégraphe fonctionnait de nouveau entre la Nouvelle-Orléans et New-York sur une distance de 2,500 kilomètres, et que personne ne songeait à couper le fil; les bateaux à vapeur montaient et descendaient librement tous ces fleuves du sud que bordent des forêts épaisses, si favorables aux bandes embusquées; en Virginie, sur les champs de bataille où naguère 100,000 hommes étaient aux prises, les agriculteurs recommençaient paisiblement à labourer leurs champs.

La pacification s'opérait avec une telle rapidité, que le gouvernement des États-Unis avait peine à la suivre et à constater par ses proclamations le mouvement général. Dès que les ports du sud eurent été ouverts au commerce sans restriction par le président Johnson, deux jours seulement après la capture de Jefferson Davis, on se hâta de fréter 150 navires dans le seul port de New-York pour les expédier vers les états du sud, et 52 partirent dès la première semaine.

Le licenciement des troupes, si indispensable pour délivrer la république du fléau des armées permanentes, n'était pas moins urgent comme mesure financière. Les dépenses faites pendant les derniers mois de la guerre avaient dépassé toutes les prévisions. Le 31 mars 1865, la dette fédérale était de 12 milliards 310 millions de francs; en soixante jours, durant cette période si remplie dans laquelle se succédèrent coup sur coup la bataille de Five-Forks, la prise de Petersburg et de Richmond, la mort de Lincoln, la capitulation de Johnston, la fin de la guerre, la capture de Jefferson Davis, la dette s'était accrue de 1,390 millions de francs. C'était une augmentation, inouïe jusqu'alors dans l'histoire financière des nations, de 23 à 24 millions par jour, de près d'un million par heure. Ce n'est pas tout, on n'ignorait pas qu'un grand nombre de comptes n'étaient pas encore soldés, et le secrétaire des finances lui-même considérait la dette réelle des États-Unis comme devant atteindre au moins 16 milliards; l'intérêt à payer annuellement pour cette énorme charge était évalué à plus de 600 millions, soit plus de 25 francs par tête d'Américain des états libres. Une pareille situation financière était de nature à calmer un peu l'immense joie causée par le rétablissement de la paix, et nombre de citoyens, qui ne se faisaient pas une juste idée des grandes ressources du peuple américain, étaient vraiment alarmés. D'un autre côté, des journalistes qui ne doutaient de rien proposèrent sérieusement de payer la dette par souscription nationale en la divisant en 300,000 actions de 50,000 francs chacune. Toutefois le licenciement de l'armée, le désarmement de la flotte et l'accroissement rapide des recettes normales du trésor calmèrent les appréhensions. Au lieu de s'élever à 16 milliards, ainsi que le secrétaire des finances le craignait, la dette fédérale ne dépassa pas 14 milliards 338 millions, et dès le mois de juillet elle commençait à décroître. Le but bien arrêté de M. Mac-Culloch était d'arriver à la suppression des *greenbacks*, dont la valeur, comparée à celle de l'or, subit d'incessantes fluctuations; mais il marchait vers ce but avec la plus grande prudence, de peur de mettre le désarroi sur le marché des valeurs et dans l'industrie. Tous les mois, il faisait retirer de la circulation quelques millions de papier-monnaie et transformait graduellement les emprunts dont les intérêts sont payables en *greenbacks* en d'autres emprunts à longs termes, payables en or, capital et intérêt. Grâce à ces mesures prises d'une manière systématique et sans précipitation fâcheuse, la situation financière était devenue, au commencement de 1866, relativement prospère. Tandis que les recettes normales s'étaient élevées de 1 milliard et demi à 2 milliards par an, la dette avait diminué de 300 millions pendant la première année de paix, et l'*agio* sur l'or, qui était de 40 pour cent en moyenne, s'était abaissé d'un tiers. Aussi M. Mac-Culloch ne craignit-il pas de soumettre fréquemment son budget à l'examen public. Chaque dernier jour du mois, le compte général des finances nationales était arrêté, et dès le lendemain les journaux le portaient à la connaissance de la nation. Cette conduite loyale devait contribuer à rétablir la confiance.

Quant au problème si difficile de la réorganisation des états du sud, le président Johnson prit à tâche de le résoudre immédiatement. Dès le 29 mai 1865, le jour même de la proclamation d'amnistie, il publiait un édit pour réorganiser la Caroline du nord, puis d'autres édits se succédèrent rapidement pour chacun des états naguère en insurrection. En vertu de son pouvoir discrétionnaire, il nomma dans ces divers états des gouverneurs provisoires chargés de réunir des conventions élues directement par le suffrage populaire. Le président avait hâte de remplacer dans le sud le régime militaire par le gouvernement civil et voulait que la nullité de l'acte de sécession fût proclamée par les populations elles-mêmes; mais dans son empressement il oublia trop que le fait immense de l'abolition de l'esclavage s'était accompli pendant la guerre, et dans chacun des états reconquis il ne vit autre chose que des « corps politiques endormis depuis 1860. » Ancien planteur lui-même, ancien propriétaire d'esclaves et collègue au sénat des plus ardens *démocrates* du sud, il semble avoir eu pour préoccupation principale de rendre le retour dans l'Union aussi commode que possible à la classe dominante des états méridionaux. Plusieurs gouverneurs nommés par lui étaient tout simplement des esclavagistes zélés et déploraient hautement le triomphe des armes du nord: les hommes de couleur, même ceux qui avaient servi dans l'armée fédérale, furent tous exclus du vote, tandis que tous les anciens rebelles jouissaient, presque sans exception, du droit de suffrage; dans certains états les noirs furent même privés du droit d'aller et de venir sans passeport; ailleurs, notamment dans la Caroline du sud, on vota des lois locales pour les contraindre au travail forcé et pour établir pratiquement le servage; dans l'état du Mississipi, le général Slocum ayant cassé un ordre du gouverneur qui organisait des patrouilles d'anciens soldats confédérés pour surveiller militairement les nègres, le président Johnson à son tour désavoua l'acte du général Slocum; enfin, les rapports de la commission nommée sous l'administration de Lincoln pour veiller au bien-être et à la protection des affranchis furent systématiquement écartés. Le chef du pouvoir exécutif remettait politiquement et civilement les noirs à la discrétion des planteurs, comme si les plus fidèles amis de l'Union dans le sud n'avaient pas, au même titre que ses ennemis les plus acharnés, droit à la protection de la république. Pour reconquérir leur autonomie d'état, les communautés du sud eussent certainement fini tôt ou tard par reconnaître partiellement les droits de l'homme noir à la vie politique; mais le président négligea même de leur recommander cet acte de simple justice et sous ce rapport montra bien qu'il n'était pas en effet « l'exécuteur testamentaire de Lincoln. » M. Johnson croyait ne pouvoir s'immiscer dans les affaires intérieures des états du sud par respect pour leur autonomie; mais cette autonomie n'était-elle pas une vaine abstraction dépourvue de sens, tant que les états méridionaux subissaient la loi du vainqueur? En proclamant le rétablissement de l'Union, en déclarant nuls et non avenus tous les actes commis par eux pendant les quatre années de guerre, en répudiant la dette confédérée, en admettant le témoignage des nègres devant les cours de justice, les planteurs ont-ils fait autre chose qu'obéir à la dure nécessité? C'est là ce que disaient les abolitionistes américains. Lorsque Sumner demandait que les états naguère en rébellion fussent provisoirement réduits à la qualité de territoires et soumis pour leurs affaires intérieures à la législation du congrès, il affirmait simplement en droit ce qui existait en fait d'une manière incontestable : il donnait aux choses leur vrai nom.

Toutes ces graves questions de réorganisation intérieure devaient nécessairement détourner les esprits de la politique étrangère. D'ailleurs la république des États-Unis, sortie triomphante de la guerre civile, pouvait désormais être sûre du respect des puissances de l'Europe occidentale : autant celles-ci avaient précédemment tâché de mettre à profit les embarras intérieurs de l'Union, autant elles devaient désormais prendre garde de blesser le peuple américain. Dès la fin de la lutte, le secrétaire d'état, M. Seward, dans un discours railleur où il dépassait les bornes de l'ironie diplomatique, s'était vengé des longs soucis que lui avait causés l'attitude de la France et de la Grande-Bretagne pendant les quatre années précédentes, et le rire de la nation tout entière avait accueilli ses plaisanteries. En effet, les puissances européennes s'empressèrent de retirer aux confédérés le titre de belligérans, et le *Times* lui-même, ce journal qui, par ses récits malveillans, ses insinuations, ses calomnies, avait fait tout ce qui était en son pouvoir pour nuire à l'Union, demandait maintenant que le dernier corsaire anglais naviguant sous pavillon confédéré, le *Shenandoah*, fût poursuivi et traité comme un navire de pirates par les vaisseaux de la marine britannique. C'est le 6 novembre seulement, six mois après la capitulation de Lee, que ce corsaire, sur lequel flottait encore le pavillon du sud, vint se rendre aux autorités anglaises dans le port de Liverpool : au nom de la confédération esclavagiste, qui n'existait plus, les écumeurs de mer s'étaient accordé six mois de pillage et d'incendie au milieu des baleiniers américains des régions polaires.

Le cabinet de Washington n'abusa point de sa forte position pour prendre une attitude comminatoire vis-à-vis de la Grande-Bretagne. Il se contenta de formuler encore une fois sa pensée relativement aux navires de course armés dans les ports anglais sous pavillon confédéré et réitéra solennellement ses protestations, « non pas afin d'obtenir une compensation pécuniaire pour les pertes subies, mais afin de fixer désormais cette question si importante du devoir des puissances neutres. » Du reste, le gouvernement des États-Unis n'avait pas besoin de menacer pour créer à son tour de graves difficultés à la grande-Bretagne, il lui suffisait de ne pas empêcher les citoyens d'origine irlandaise de s'organiser librement en société d'émancipation de la mère-patrie. Sous le nom de *fenians*, les Irlandais émigrés en Amérique avaient déjà depuis longtemps constitué une société dont le but avoué était d'arracher l'Irlande à la Grande-Bretagne et d'y proclamer la république. Immédiatement après la guerre, et par suite de l'excès d'enivrement causé par les faits prodigieux qui venaient de s'accomplir, les Irlandais d'Amérique, non moins impressionnables que leurs frères d'Europe, crurent naïvement que le moment était venu d'arracher leur patrie à la domination anglo-saxone. Ils se donnèrent une constitution régulière, nommèrent leurs représentans et leurs sénateurs, et firent choix d'un président qui, à son tour, composa un cabinet pour gérer les finances et pourvoir aux besoins de l'armée et de la marine irlandaises. Malheureusement les principaux dignitaires de la confédération naissante étaient à peine nommés par le vote populaire, que déjà ils commençaient à se disputer et à se dénoncer les uns les autres comme ennemis publics. Les Américains assistaient à ce spectacle bizarre comme à une grande représentation théâtrale; mais ils ne pouvaient s'empêcher de voir en même temps avec un malin plaisir les embarras que ces *fenians* méprisés causaient à la puissante Angleterre. En effet, le gouvernement britannique se voyait obligé de renforcer son escadre du Canada, de garnir de troupes les frontières menacées, et, fait bien plus grave encore, de suspendre en Irlande la loi de l'*habeas corpus*. Ce que l'aristocratie anglaise avait tant reproché aux Américains d'avoir fait en pleine guerre civile, elle subissait l'humiliation de le faire elle-même à la simple menace d'une conspiration ourdie par quelques émissaires venus des États-Unis. Un simple simulacre de république irlandaise érigé en Amérique suffit pour faire prendre des mesures extrêmes au gouvernement anglais. Quelles auraient donc été les anxiétés de la Grande-Bretagne si dans cette circonstance la république américaine s'était un seul instant départie de son attitude de stricte neutralité ?

Si le retour de la paix permettait au cabinet de Washington de prendre vis-à-vis de l'Angleterre ce maintien tranquille et presque dédaigneux, il lui permettait aussi d'user à l'égard du gouvernement français d'un langage très ferme. Déjà pendant la guerre, l'opinion du peuple américain relativement au nouveau régime impérial du Mexique s'était plusieurs fois exprimée solennellement par les votes du congrès; dès que le gouvernement eut retrouvé la libre disposition de ses forces militaires, le sentiment national s'exalta de plus en plus, et de toutes parts on demanda que le président Johnson prît des mesures de guerre pour rétablir la république mexicaine. Des hommes comme le général Grant et comme Montgomery Blair, un des hommes d'État qui vécurent le plus dans l'intimité de Lincoln, déclaraient sans détour qu'il fallait au plus tôt sanctionner par les armes la doctrine de Monroe. Nombre de volontaires américains du Texas et de la Californie faisaient cause commune avec les libéraux du Mexique; les officiers et les soldats fédéraux cantonnés à Brownsville, sur les bords du Rio-Grande, ne cachaient guère leur hostilité aux impérialistes, qui occupaient en face la ville mexicaine de Matamoros. Bien que le cabinet de Washington fît tous ses efforts pour maintenir une stricte neutralité, cependant il ne pouvait empêcher que sur cette frontière de plus de 2,000 kilomètres on ne fît souvent passer des renforts en hommes, des munitions et des approvisionnemens aux généraux de Juarez. En outre, les dépêches du secrétaire Seward relatives à l'empereur Maximilien, « agent français au Mexique, » devenaient de plus en plus accentuées. Ainsi qu'on le sut plus tard, elles traduisaient en langage diplomatique, mais toujours d'une clarté parfaite, les antipathies du peuple américain pour l'empire militaire qui cherche à se constituer au Mexique.

L'ouverture de la première session du trente-neuvième congrès eut lieu à Washington le 4 décembre 1865. Le message que le président Johnson fit communiquer aux deux chambres suivant la coutume était remarquable par la noblesse et la concision du langage; il s'élevait parfois à une véritable éloquence. La partie du message consacrée aux relations de la république avec les puissances étrangères était assez hautaine et résumait en quelques phrases les nombreuses dépêches de M. Seward adressées aux ministres américains de France et d'Angleterre. En réponse au déni de justice opposé par la Grande-Bretagne aux réclamations des États-Unis, le président se contentait de « proclamer son opinion devant le congrès et devant le monde entier que pareille conduite ne peut se soutenir au tribunal des nations; toutefois il ne conseillait aucune tentative formelle de réparation, espérant qu'à l'avenir l'amitié des deux nations reposerait sur la base de la justice réciproque. » Les paroles adressées au gouvernement français étaient plus menaçantes. Après avoir rappelé que les Américains n'interviennent pas en Europe à la condition expresse que de leur côté les puissances européennes n'interviendraient pas en Amérique, M. Johnson ajoutait ces mots : « Je regarderais comme une grande calamité pour la paix du monde qu'un gouvernement quelconque de l'Europe jetât le gant au peuple américain comme pour le défier à la défense du républicanisme contre l'intervention étrangère. » D'ailleurs les documens communiqués au congrès lui apprirent que les conditions du rappel des troupes françaises commençaient à se régler déjà par voie diplomatique.

Le message abordait ensuite les affaires intérieures; le langage du président était très net; malheureusement il manquait de justice à l'égard d'une fraction considérable du peuple américain, les nouveaux affranchis. Dans son empressement à voir rentrer les états du sud dans le sein de l'Union en qualité de corps politiques souverains, le président Johnson avait suivi exactement la ligne de conduite qui avait valu au général Sherman un éclatant désaveu. Il avait remis le gouvernement des états à l'aristocratie vaincue, et, peu soucieux en apparence du sort des affranchis, il les avait livrés tout simplement aux tendres miséricordes de leurs anciens maîtres. Lui qui, en qualité de gouverneur militaire du Tennessee, avait dit aux noirs dans un discours resté célèbre : « C'est moi qui serai votre Moïse, c'est moi qui vous conduirai dans la terre promise, quand même il faudrait encore une seconde fois traverser la mer Rouge! » il daignait à peine les mentionner dans son message. Bien plus, il émettait cette supposition injurieuse pour les hommes de couleur qu'ils seraient peut-être un jour obligés d'abandonner le pays pour cause d'incompatibilité d'humeur avec les blancs : pour terre promise, il leur offrait un lieu d'exil. Comme si une grande question sociale n'avait pas surgi pendant la guerre civile, et comme si en même temps la république des États-Unis n'avait pas contracté une dette de reconnaissance envers cette loyale population de noirs qui lui avait fourni 200,000 de ses plus vaillans défenseurs, le président Johnson tenait précisément le langage qu'il eût pu tenir en 1860, avant l'abolition de l'esclavage. Le 18 décembre, quelques jours après l'envoi du message, l'amendement à la constitution qui abolit la servitude ayant été enfin ratifié par les trois quarts des législatures d'état, M. Johnson se contenta de le faire annoncer par une simple note du secrétaire Seward. Dans ce fait immense, l'affranchissement de quatre millions d'hommes, il ne voyait que la conséquence d'une mesure de guerre, et non pas la consécration d'un grand principe de justice.

Heureusement le congrès nouveau n'était pas disposé à suivre le président Johnson dans cette voie. La plupart de ses membres, nommés vers la fin de la guerre, pendant une période de grande ferveur républicaine, étaient de zélés abolitionistes, et ne voulaient pas s'en remettre les yeux fermés à la générosité des planteurs pour régler le sort des anciens esclaves. La majorité du congrès savait parfaitement que les résultats sociaux acquis par la victoire devaient être solennellement consacrés par la législation, sous peine de nouveaux désastres. Dès le premier jour, l'attitude du congrès se dessina nettement. Le candidat du parti républicain à la présidence de la chambre des représentans réunit les quatre cinquièmes des voix au premier tour de scrutin, et lorsque les délégués des états du sud, élus conformément aux anciennes lois, qui faisaient du vote un privilége de race, réclamèrent leur admission dans le sein du congrès, on refusa de les entendre.

Les hommes d'état les plus logiques, les plus solidement appuyés sur le droit, affirmaient avec Charles Sumner que la politique des États-Unis à l'égard des blancs et des noirs des régions du sud devait être la justice pure. Au droit des états ils opposaient le droit de l'homme, et se refusaient à reconnaître l'état aussi longtemps qu'il ne représentait qu'une partie des citoyens. Ils repoussaient énergiquement tout expédient provisoire, tout compromis, « car il n'y a pas de compromis possible sur un principe moral. » Ils démontraient sans peine qu'il serait prudent de profiter de la victoire pour en finir d'un coup avec les restes de l'esclavage sans lui permettre de gangrener de nouveau le corps social; suivant les injonctions formelles de la constitution, d'après laquelle « les États-Unis sont tenus d'assurer à chaque état une forme républicaine de gouvernement, » ils demandaient que l'on proclamât pour tous la liberté et l'égalité, qui sont pour le peuple l'air respirable et la condition même de la vie. « En conséquence, déclare un *bill* présenté par M. Sumner, il est résolu que dans les états récemment en insurrection il n'y aura ni oligarchie, ni aristocratie, ni caste, ni monopole jouissant de privilèges ou de pouvoirs particuliers. Personne ne sera privé de ses droits civils ou politiques en raison de sa race ou de sa couleur; mais tous seront égaux devant la loi, devant les cours de justice et devant le scrutin. »

La majorité républicaine du congrès, malheureusement certaine que la grande masse des populations ne la suivrait pas sur ce terrain, puisque l'égalité politique des blancs et des noirs était proclamée seulement dans le Massachusetts et dans cinq autres états du nord, n'avait pas une attitude aussi franche que celle de l'éminent orateur du sénat. Elle se bornait à prendre des mesures législatives pour assurer aux nègres la propriété des terres qui leur avaient été déjà concédées, pour leur distribuer d'autres champs sur l'immense domaine national, pour maintenir le respect de leurs droits civils et prévenir la fréquente répétition d'actes monstrueux de barbarie comme les rapports officiels de Carl Schurz et du major général Howard en ont révélé un si grand nombre. En outre, les représentans des états loyaux voulaient empêcher que, par une singulière conséquence de la guerre, la population blanche du sud, qui hier était en pleine révolte, jouît de droits supérieurs à ceux de la population restée fidèle à l'Union. Si le nombre des représentans au congrès devait être fixé désormais proportionnellement au chiffre total des habitans, il s'ensuivrait que dans les états du sud, où les noirs exclus du scrutin forment une quantité si considérable de la population, les blancs seraient doublement représentés. Les électeurs de la Caroline du sud auraient virtuellement un droit politique double de celui des électeurs du Michigan ou du Wisconsin. Pour rendre impossible une injustice aussi flagrante, le congrès américain proposait un amendement à la constitution qui règlerait le nombre des représentans, non sur la population totale, mais sur la quantité des électeurs. Si les états méridionaux voulaient ensuite reconquérir dans le congrès une place considérable, ils n'auraient qu'à donner eux-mêmes le droit de suffrage à leurs compatriotes d'origine africaine.

Tels sont en substance les vœux que la majorité républicaine des deux chambres a formulés en articles de loi et que le président Johnson a cru devoir combattre par l'exercice de son droit de *veto*. Dans ce fâcheux conflit, qu'ont malheureusement envenimé des attaques personnelles et de véritables insultes, le président avait pour lui les esclavagistes du sud, les *démocrates* du nord, et tous ceux qui par lassitude de la guerre et par désir d'une solution quelconque, bonne ou mauvaise, verraient avec plaisir la rentrée immédiate des états du sud dans le sein de l'Union. Le congrès avait pour appui les abolitionistes, les républicains avancés et tous les hommes qui mettaient le droit des faibles et l'honneur de la nation au-dessus des intérêts matériels immédiats. Du reste, le peuple, consulté dans les comices électoraux lors des prochaines élections, doit prononcer en dernier ressort.

VII. — INTÉRÊTS MATÉRIELS ET FORCES PRODUCTIVES (1).

Population. — Immigration. — Agriculture et domaine national. — Pêcheries. — Exploitation des mines. — Industrie. — Commerce. — Navigation. — Phares. — Chemins de fer. — Finances. — Dette publique. — Armée et marine. — Richesse publique. — Banques nationales. — — Caisses d'épargne. — Journaux. — Instruction publique.

POPULATION. — Pendant le cours de l'année 1864, le mouvement de la population a présenté dans les diverses parties de la république américaine les mêmes phénomènes que durant les trois années précédentes. Le nombre des habitans s'est accru dans presque tous les états du nord, tandis qu'il n'a cessé de diminuer dans les régions du sud qui ont été parcourues par les armées en marche et ont servi de théâtre aux grandes batailles: c'est ainsi que dans la Louisiane, si l'on en croit des évaluations locales, le chiffre des habitans aurait diminué, pendant la guerre, de 708,000 à 450,000, par suite des conscriptions successives, de l'émigration vers le nord et en Europe, et de l'effroyable mortalité des noirs. Le seul état méridional où il y ait eu accroissement rapide de la population est le Texas, dont la paix n'a été troublée que sur l'extrême frontière. Depuis la fin de la guerre, la Nouvelle-Orléans, métropole de toutes les régions mississipiennes, a repris toute son ancienne importance, et sa population, descendue en septembre 1863 au chiffre de 60,000 habitans, s'élevait à la fin de 1865 à plus de 250,000. Par suite des opérations de la guerre, certaines villes des états à esclaves, choisies comme centres d'approvisionnemens par les fédéraux, ont considérablement gagné en importance: telles sont Nashville et Memphis dans le Tennessee, et New-Bern dans la Caroline du nord.

Le tableau des électeurs qui ont pris part à la dernière élection présidentielle prouve que la population américaine s'est considérablement accrue pendant la guerre. En 1860 et en 1864, les citoyens des états du nord se sont portés au scrutin avec le même zèle, mais lors de la deuxième élection de M. Lincoln, un nombre considérable d'électeurs se sont abstenus dans les états du centre, tels que le Missouri, le Kentucky, le Maryland, et de plus des milliers de soldats, appartenant à des états qui ne leur permettaient pas de voter en campagne, n'ont pu donner leurs suffrages. Néanmoins le chiffre des voix recueillies s'est élevé en 1864 à 4,014,964, tandis que lors de l'élection précédente il avait été seulement de 3,870,222 pour

(1) Cette statistique des États-Unis ne peut être complète, puisque le recensement général se fait seulement tous les dix ans.

les mêmes états de l'Union. En défalquant les votes des états du centre, les chiffres respectifs sont de 3,750,700 et de 3,465,966, ce qui constitue un accroissement de plus de 8 pour 100 dans le nombre des votans, et cependant les hommes faits sont précisément cette partie de la population que la guerre civile a sacrifiée par centaines de mille. En supposant que le nombre total des habitans n'ait pas augmenté plus rapidement que celui des votans, il devait être au commencement de 1866 d'environ 35 millions d'habitans.

Le recensement particulier de l'état de New-York, opéré en juillet 1865, établit que la population de l'état aurait diminué de 48,950 dans la dernière période quinquennale. De 3,880,727 habitans en 1860, le chiffre de la population se serait abaissé à 3,831,777 en 1865; mais il paraît prouvé que les *démocrates* qui étaient au pouvoir en 1860 dans la ville de New-York avaient considérablement enflé le total de la population afin d'augmenter en même temps le nombre des électeurs fictifs favorables à leur cause. En 1865, la ville de New-York proprement dite, sans compter Brooklyn et d'autres énormes faubourgs, avait 726,386 habitans, sur lesquels 51,500 étaient des électeurs natifs, 77,475 électeurs naturalisés et 151,838 étrangers. On voit combien l'élément américain pur est faiblement représenté dans cette capitale commerciale de l'Union. Moins du quart des hommes âgés de plus de 21 ans sont des Américains natifs.

On évaluait à 150,000 le nombre des négocians, employés et commis qui passaient leurs journées de travail à New-York, et retournaient chaque soir à la campagne. La mortalité était malheureusement très considérable à New-York à cause du défaut de drainage. Une moitié de la population, soit 501,224 personnes, demeurait en 1864 dans des appartemens loués. Sur 15,000 maisons en location, 3,912 étaient dépourvues des plus simples appareils de propreté. Sous ce rapport, New-York contrastait d'une manière lamentable avec les autres grandes cités des États-Unis.

Au Massachusetts, le nombre des habitans ne s'est accru que de 3 pour 100 dans les cinq dernières années. De 1,231,066 la population s'est élevée à 1,267,329 seulement. C'est que le Massachusetts, qui est l'état relativement le plus peuplé de l'Union, est aussi celui qui a fourni en proportion le plus de défenseurs à la république et envoyé dans les contrées de l'ouest le plus d'émigrans de toute sorte, instituteurs, institutrices, industriels, agriculteurs. La population de l'Illinois était au milieu de l'année 1865 de 2,200,000 âmes; elle avait eu l'accroissement énorme de près de 500,000, ou de plus de 28 pour 100 pendant la période quinquennale. Dans le Wisconsin, les progrès ont été de 15 pour 100 pour la même période.

Immigration. — Le mouvement qui entraîne en Amérique les populations de l'Allemagne du nord et de l'Irlande s'est notablement accru. Le port de New-York qui avait reçu seulement 76,306 émigrans en 1862 et 155,223 en 1863 en a reçu 185,208 en 1864. Sur le nombre total d'étrangers qui venaient demander l'aisance et la liberté à leur nouvelle patrie, 89,706, plus du tiers, étaient Irlandais; 57,572 individus étaient Allemands; 23,871 étaient de la Grande-Bretagne. Depuis l'année 1854 il n'était pas arrivé à New-York un nombre aussi considérable d'émigrans européens. En ajoutant aux émigrans débarqués à New-York ceux qui sont arrivés dans les autres ports de la république, on trouve un total de 221,535 étrangers qui sont venus grossir en 1864 la population des États-Unis.

En 1865, l'accroissement de l'immigration a été aussi considérable que l'année précédente; 201,275 émigrans sont débarqués à New-York; sur ce nombre 82,894 étaient Allemands. Ce courant d'immigration se répartissait ainsi suivant les divers états de l'Union :

New-York	91,480	Indiana	2,852
Illinois	17,914	Connecticut . . .	2,682
Massachusetts . .	9,899	Maryland	2,077
Missouri.	6,971	Minnesota	1,802
Wisconsin. . . .	6,493	Kentucky	1,298
New-Jersey . . .	6,056	Colombie	1,137
Michigan	4,024	Utah	1,109
Iowa	3,720	Californie	1,070

Les autres états de l'Union ont reçu chacun un contingent inférieur à 1000 émigrans.

On a calculé que des 20,000 émigrans d'Europe qui se sont rendus au Canada en 1865, environ 18,000 avaient pour destination ultérieure les États-Unis. Au point de vue élevé de l'histoire et de l'ethnologie, ce mouvement incessant des populations vers la république américaine est encore beaucoup plus important que ne le serait chaque année l'annexion d'un lambeau de l'Europe.

AGRICULTURE. — Dans les états loyaux, la production agricole a été plus considérable pour l'année 1864 qu'elle ne l'avait été pour 1863 et toutes les années précédentes. Le tableau suivant donne les résultats comparés des deux récoltes de 1863 et de 1864 :

PRODUITS.	ANNÉE 1863.		ANNÉE 1864.		ANNÉE 1865.
	Hectol.	Fr.	Hectol.	Fr.	Hectol.
Maïs.	140,000,000	1,502,000,000	187,000,000	2,850,000,000	253,800,000
Froment.	61,000,000	1,069,000,000	56,000,000	1,588,000,000	53,640,000
Seigle	7,000,000	108,000,000	7,000,000	173,000,000	7,000,000
Avoine.	60,000,000	567,000,000	63,000,000	750,000,000	81,360,000
Orge.	4,500,000	70,000,000	3,800,000	92,000,000	1,104,000
Sarrasin.	5,600,000	65,000,000	6,650,000	119,000,000	6,500,000
Pommes de terre.	34,650,000	297,000,000	34,000,000	416,000,000	36,400,000
	Kilogr.		Kilogr.		Kilogr.
Tabac	74,000,000	130,800,000	90,000,000	156,000,000	72,500,000
	Tonnes.		Tonnes.		Tonnes.
Foin.	18,316,730	1,337,500,000	18,116,691	1,975,000,000	23,538,740
Totaux . .		5,146,300,000		8,119,000,000	

Les récoltes de 1864, en général supérieures à celle de 1863, représentaient une valeur en or plus grande des 3/5es par suite des énormes commandes du commissariat des armées. Toutes les denrées agricoles ont graduellement augmenté de prix.

En 1865, le rendement des récoltes s'est accru, il est vrai, d'une manière générale, mais la diminution des prix a été beaucoup plus forte en proportion, et les agriculteurs ont eu à souffrir de cette baisse rapide.

Pendant cette même, année l'état de l'Illinois, l'état agricole par excellence de l'Union américaine, produisit un quart de la récolte totale de maïs, un cinquième de celle de froment, un septième de celle d'avoine, et cependant sa population est à peine la seizième partie de celle de la république.

Coton. — Depuis la fin de la guerre, la culture du coton a repris aux États-Unis une partie de l'importance qu'elle avait avant la rébellion. En 1864, le coton reçu en Angleterre de tous les ports des États-Unis, fédéraux et confédérés, était seulement de 197,000 balles; en 1865, il s'est élevé à 462,000 balles; en 1866, *l'exportation* sera probablement de 800,000 balles.

Vigne. — La culture de la vigne américaine, variété distincte de la *vitis vinifera* d'Europe, continuait de se développer dans les états de l'ouest et du versant du Pacifique : toutefois le chiffre de 20 millions de ceps de vigne qu'on donnait pour la Californie en 1863 semble exagéré. En 1856, le nombre des pieds de vigne plantés dans cette contrée était seulement de 1,540,134. Les deux états de l'Union où la production du vin était la plus abondante étaient l'Ohio et la Californie.

Sucre. — Au commencement de 1865, il y avait en Louisiane 174 plantations sucrières en culture, c'est-à-dire 1,117 de moins qu'en 1861. Cette perte des 6/7es sur le nombre des *habitations* ne donne pas même une idée exacte de la ruine amenée sur le pays par la suppression de l'esclavage et par la guerre, car chacune des habitations encore exploitées s'était considérablement appauvrie. Dans la campagne de 1861 à 1862, la récolte moyenne avait été de 356 boucauts (175 tonnes environ) de sucre par plantation; en 1864-65, le produit était seulement de 38 boucauts. Pour la Louisiane, la récolte totale de la dernière campagne s'est élevée à 6,668 boucauts, contre 389,541, produit de l'année 1861 : c'est à peu près 1 et 1/2 pour 100 des belles récoltes d'autrefois. La consommation du sucre s'est fortement ressentie jusqu'en 1864 de l'abaissement de production et de l'enchérissement qui en a été la conséquence. Ce fait est mis en lumière par le tableau suivant où l'on compare les diverses quantités de sucres vendues pour la consommation de 1858 à 1865 :

Années.	Sucre étranger.	Sucre indigène.	Totaux.
1858. . . .	244,758 tonnes.	143,634 tonnes.	388,492 tonnes.
1859. . . .	239,034 —	192,150 —	431,184 —
1862. . . .	244,411 —	184,600 —	432,411 —
1863. . . .	231,308 —	53,000 —	284,308 —
1864. . . .	192,660 —	28,000 —	220,660 —
1865. . . .	345,809 —	5,000 —	350,809 —

En 1865, les *mélasses*, grand article de consommation aux États-Unis, ont été importées de l'étranger en quantité plus considérable que toutes les années précédentes : 1,598,000 *hectolitres de mélasse*, plus de 5 litres par personne, ont été achetés à l'étranger.

La *mélasse de sorgho* est consommée en proportions de plus en plus considérables :

En 1862 la consommation de cette denrée a été de 22,500,000 litres.
1864 — — — 47,750,000
1865 — — — 112,500,000

La production des mélasses de sucre d'érable a été en moyenne de 40 millions de litres par an.

La consommation du *café*, qui avait diminué de moitié, puis des deux tiers pendant la guerre, a repris de nouveau :

En 1858 la consommation avait été de . . . . . 113,803,220 kilogr.
1860 — — 79,200,760
1863 — — 36,266,000
1865 — — 58,026,600

C'est à peu près le sixième du café consommé dans le monde entier.

La consommation de *thé* n'a que très faiblement diminué par suite de la guerre, et dès l'année 1865 elle s'est rapidement accrue :

En 1861 la consommation fut évaluée à. . . . . . 11,185,000 kilogr.
1864 — — 10,410,000
1865 — — 13,130,000

Près des deux tiers de la quantité de thé consommée consistaient en thés noirs. La consommation totale a été d'environ un demi-kilogramme par tête, 5 fois moins qu'en Angleterre et 11 fois plus qu'en France.

Boissons fermentées. — En 1860, la fabrication des eaux-de-vie était très considérable, elle dépassait 4 millions d'hectolitres, soit environ 13 litres par tête d'Américain. Par suite des fortes taxes imposées sur cet article de consommation, la production a diminué de moitié; en 1865, elle n'atteignait même pas 2 millions d'hectolitres. La quantité consommée en boisson était d'environ 1,750,000 hectolitres; le reste était employé par l'industrie.

En revanche, la consommation de la bière a beaucoup augmenté. En 1860, les 1,269 brasseries des États-Unis fabriquaient 5,375,000 hectolitres de bière. En 1865, la production s'est élevée à 8,500,000 hectolitres. La consommation de la bière a donc augmenté d'environ 10 pour 100 par an.

Animaux domestiques. — Pendant la dernière année de la guerre, le nombre des animaux domestiques, à l'exception des brebis, a diminué d'une manière alarmante, ainsi que le montre le tableau suivant :

	Janvier 1859.	Janvier 1861.	Janvier 1865.
Chevaux	4,199,141	4,019,112	3,740,033
Mulets.	301,609	280,815	247,553
Vaches laitières.	5,726,916	6,066,748	5,768,130
Autres bêtes à cornes . .	7,911,148	7,965,439	7,072,591
Brebis.	15,104,272	24,316,391	28,647,269
Cochons	17,060,035	16,148,712	13,070,887

Dans l'Ohio et les états voisins, on a tué et salé, pendant l'hiver de 1863 à 1864, 3,328,884 porcs; l'année suivante on en tua 2,422,779; enfin, pendant la saison de 1865 à 1866, on en a tué 2,180,502. C'est une diminution de plus d'un million en deux années.

Domaine national. — Pendant l'année fiscale 1863-1864, le gouvernement a aliéné 1,312,746 hectares, soit environ la 315ᵉ partie du domaine de la nation. La plus grande partie des terres livrées ont été données gratuitement à des colons en vertu de la loi sur les *foyers domestiques* (504,638 hectares) ou concédées à des compagnies de chemins de fer (342,872 hectares). Une étendue de 173,000 hectares seulement a été vendue directement à des particuliers. La partie du domaine public que les arpenteurs ont déjà mesurée et dont les acquéreurs pourraient entrer immédiatement en jouissance est de 53,407,034 hectares. C'est exactement l'étendue de la France.

PÊCHERIES. — Le produit total de la pêche sur mer et dans les rivières des États-Unis est évalué pour l'année 1865 à 177 millions de francs, dont 100 millions pour la pêche de la baleine, 35 millions pour celle de la morue, du maquereau, etc., et 30 millions pour la pêche des huîtres. Le produit de la pêche dans les rivières représente une douzaine de millions.

En 1864, les 3,000 navires employés sur les côtes du Maine, de la Nouvelle-Écosse et des îles anglaises à la pêche de la morue et du maquereau jaugeaient 159,236 tonnes. Deux années auparavant, la flotte de pêche était de près de 4,000 navires jaugeant 203,236 tonnes. Près de 25,000 pêcheurs montaient ces embarcations.

MINES. — *Or et argent.* — La république américaine reste à la tête de tous les pays du monde pour la production des métaux précieux, et de tous les états de l'Union le plus riche en or est encore la Californie. Toutefois la quantité d'or extraite des *placers* californiens diminue assez régulièrement chaque année en même temps que se développent les autres sources de richesse. En 1848, année de la découverte des mines, la production ne dépassa pas 54 millions de francs; en 1850, elle était déjà de 270 millions; en 1853, année de la plus forte récolte d'or, les mineurs retirèrent des lavages et des mines une quantité de minerai d'or évaluée à 351 millions. En 1860, la production n'était plus que de 228,500,000 francs, et en 1863 elle est descendue à 178,500,000 francs. En seize années, de 1848 à 1863 inclusivement, l'exportation totale de l'or californien s'est élevée à la somme de 4 milliards 80 millions de francs. L'expédition de ces énormes quantités d'or se fait par San-Francisco, qui est le siége de plus de 5,000 compagnies minières : on en compte environ 30,000 dans tous les États-Unis (1).

Les mines d'argent de Washoe, situées sur le revers oriental de la Sierra-Nevada, n'ont cessé d'accroître d'une manière régulière leur production depuis l'année de la découverte. En 1861, elles ont donné plus de 8 millions de francs; en 1862, la quantité de minerai d'argent était quadruplée et représentait une valeur de 32 millions; en 1863, le produit total de l'exploitation était évalué à 64,500,000. En 1864, la production minière de Washoe était à peine inférieure à 100 millions; avec celle des contrées voisines elle s'éleva à plus de 160 millions. Lorsque des voies de communication traver-

(1) M. de Richthofen a publié en 1865, comme supplément aux *Mittheilungen* de Petermann, un travail complet sur les mines de la Californie.

seront le plateau dans tous les sens et rattacheront à San-Francisco et à New-York tous les districts miniers de l'intérieur, nul doute que la production des métaux précieux n'augmente dans de notables proportions. Virginia-City, la ville de l'état de Nevada où les mineurs viennent porter leur minerai et s'approvisionner de marchandises, comptait déjà au mois de juillet 1864 une population de 18,500 habitans. Plus de 3,000 charrettes desservaient le trafic entre Virginia-City et la Californie. On a perçu plus d'un million de droit de péage sur la grande route dont la construction a coûté environ 2,500,000 francs.

Fer. — La production du fer a considérablement augmenté pendant la guerre. En 1859 la quantité de fer fabriqué à l'anthracite dans le seul état de Pensylvanie était de 286,332 tonnes; en 1860, elle s'était élevée à 313,000 tonnes; trois ans après, en 1863, elle dépassait 430,000 tonnes; les statistiques récentes évaluent la masse de fer sortie des mines de la Pensylvanie en 1864 à près de 700,000 tonnes. Dans les autres contrées manufacturières de l'Union, la fabrication a également augmenté, et dans les districts miniers l'extraction de la matière première a dû nécessairement s'accroître dans les mêmes proportions. Les mineurs des bords du lac Supérieur qui avaient obtenu en 1859 seulement 65,679 tonnes de minerai ont quadruplé le chiffre de la production dès l'année 1863.

Charbon de terre. — C'est dans la Pensylvanie, à l'est des Montagnes-Rocheuses, qu'est le siége principal de l'exploitation houillère. On peut juger par le tableau suivant des énormes développemens qu'a pris dans ce district l'industrie des houilles.

Année 1820 . . .	365 tonnes.	Année 1850 . .	3,250,207 tonnes.
— 1830 . . .	174,734 —	— 1860 . .	8,119,199 —
— 1840 . . .	841,584 —	— 1864 . .	9,992,007 —

A cette quantité considérable de charbon extraite des mines orientales de la Pensylvanie il faut ajouter les houilles de la partie orientale de l'état, soit 3 ou 4 millions de tonnes, et celles de l'Ohio, de la Virginie, du Kentucky, de l'Indiana, de l'Illinois, de la Californie, etc. La mine de Monte-del-Diablo, près de San-Francisco, a produit 20,800 tonnes en 1860, et plus de 70,000 en 1863. On peut évaluer à 16 millions de tonnes environ la quantité totale de charbon de terre fournie en 1864 aux consommateurs par les diverses mines des États-Unis. En outre, on a importé dans la même année 1,749,122 tonnes de houille de provenance étrangère.

Aux États-Unis, la production houillère est environ le cinquième de celle de la Grande-Bretagne; mais la richesse des mines y est beaucoup plus considérable. Le seul district houiller de Pittsburg, qui s'étend sur une superficie de 3,540,000 hectares, contient une quantité de charbon évaluée à 53,516,430,000 tonnes, ce qui à 10 francs la tonne représente une somme de 530 milliards ou 38 fois la dette actuelle des États-Unis.

Huile de pétrole. — La production de l'huile minérale se développe de plus en plus, et la furie des spéculations s'accroît en même temps. La valeur totale du district d'Oil-Creek, en Pensylvanie, comprenant environ 72 kilomètres carrés, est estimée à 1 milliard 350 millions de francs. Il y a quatre ans, le prix du sol était de 60 francs l'hectare. Des fermes dont la valeur était de 10,000 francs ont été achetées de 2 à 3 millions. Les compagnies qui s'occupent de l'exploitation des sources de pétrole sont au nombre de 250 et possèdent un capital d'environ 700 millions de francs. Leur capital nominal dépasse 2 milliards et demi.

L'exploitation du pétrole américain s'est élevée pendant les quatre dernières années aux quantités suivantes :

	1862.		1863.		1864.	
New-York . . .	330,871	hectol.	739,936	hectol.	809,610	hectol.
Boston.	40,539	—	77,763	—	64,197	—
Philadelphie . .	106,303	—	222,271	—	293,732	—
Baltimore . . .	6,624	—	34,826	—	35,202	—
Portland. . . .	4,544	—	31,956	—	2,676	—
Totaux . .	488,881	—	1,106,752	—	1,205,417	—

En 1865, l'exploitation totale du même produit s'est élevée à 1,125,000 hectolitres.

L'huile de pétrole, avec le fer et la houille, donne à la Pensylvanie le premier rang parmi les états miniers de l'Union : la Californie ne vient qu'en seconde ligne. On évalue les produits annuels de la Pensylvanie à 500 millions de francs pour le charbon de terre, à 350 millions pour l'huile de pétrole et à 250 millions pour le fer. C'est une production annuelle de plus de 1 milliard.

Industrie. — En 1864, une statistique évaluait les maisons de commerce et les établissemens industriels des états loyaux, y compris le Missouri, le Kentucky, le Maryland et la Louisiane, à 168,925, ayant ensemble un capital de 26 millards 700 millions de francs. Sur cet énorme total, l'état de New-York avait la part du lion, soit 36,932 établissemens et 9 milliards 57 millions; le petit état du Massachusetts venait ensuite avec 17,302 établissemens et 4 milliards 691 millions. Le capital de la Pensylvanie était de 3 milliards 960 millions pour 22,941 établissemens. L'Ohio passait en quatrième ligne : il possédait 17,005 fabriques et maisons de commerce représentant un capital de 1 milliard 678 millions. Quant à l'Illinois, jeune état qui n'avait pas même cinquante années d'existence, il avait déjà 12,215 établissemens, dont le capital s'élevait à 1 milliard 120 millions de francs.

Une preuve que l'activité industrielle s'était réveillée d'une manière remarquable depuis 1864, c'est que le nombre des brevets délivrés était supérieur non-seulement à ceux des années de guerre précédentes, mais aussi à ceux de l'année 1860. Il s'est élevé à 4,843 en 1864 contre 3,887 en 1863, et 4,819 en 1860. Le nombre des demandes de brevets pour l'année 1864 a été de 6,740.

Laines. — Au commencement de l'année 1865, 1,704 manufactures d'étoffes de laine étaient en opération dans les États-Unis; mais la quantité de matière première employée n'est connue que pour 746 fabriques. Ces dernières ont transformé en lainages au-delà de 53 millions de kilogrammes de laines, plus que n'en produisaient les troupeaux de brebis des États-Unis. En 1864, la production totale a été de 44 millions de kilogrammes.

En 1863, la quantité de laine importée ne fut pas moindre de 22,723,000 kilogrammes, d'une valeur totale de 47,295,000 francs. En 1865, l'importation a été seulement de 17,000,000 kilogrammes, d'une valeur de 37,309,000 francs. En ajoutant la quantité de laine importée à celle qui est produite dans le pays, on trouve que la matière première mise en œuvre doit s'élever en moyenne à 65 millions de kilogrammes.

COMMERCE. — Les échanges des États-Unis avec l'étranger sont encore loin d'avoir atteint pendant les années fiscales de 1864 et 1865 une importance égale à celle qu'ils avaient en 1860 et 1861 avant que la séparation des états du sud ne fût complétement organisée. C'est là ce que montre le tableau suivant :

Années fiscales.	Exportations.	Importations.
1860 — 1861	2,080,600,000	1,901,200,000
1861 — 1862	1,241,666,000	1,111,123,000
1862 — 1863	1,890,281,000	1,361,810,000
1863 — 1864	1,830,596,000	1,773,976,000
1864 — 1865	2,025,000,000	1,235,110,000

Il faut remarquer toutefois que les marchandises sont évaluées en espèces à l'importation et en papier à l'exportation. Ramené à sa valeur réelle en or, le total des exportations pour l'année 1864-1865 ne dépasse pas 1,174,500,000 fr.

Le *numéraire reçu et expédié est compris dans ces valeurs du commerce* général de l'Union. Les oscillations de l'échange des espèces entre les États-Unis et le continent d'Europe présentent un phénomène curieux. Pour la première fois depuis 1847, année qui précéda l'annexion de la Californie, les négocians américains ont reçu de l'étranger, dans l'année fiscale 1860-1861, une quantité d'or supérieure à celle qu'ils ont expédiée : c'est que dans leur effroi de l'avenir ils se hâtaient de réclamer le paiement en espèces de toutes les denrées d'exportation envoyées en excès sur les marchés d'outre-mer. En revanche, l'expédition du numéraire a été plus considérable pendant l'année 1863-1864 qu'elle ne l'avait été à aucune époque antérieure.

Années fiscales.	Exportations du numéraire.	Importations du numéraire.
1860 — 1861	160,860,000	250,231,000
1861 — 1862	199,190,000	88,641,000
1862 — 1863	114,766,000	51,751,000
1863 — 1864	507,675,000	70,920,000

La quantité du numéraire qui se trouve aux États-Unis est évaluée à 2 milliards 500 millions de francs.

Le grand marché commercial de New-York a pris pour sa part les deux tiers des échanges de l'Union pendant l'année fiscale 1864. En 1858-1859, année de sa plus forte importation, cette ville a reçu de l'étranger des marchandises pour une valeur de 1 milliard 239 millions. En 1860-1861, année du commencement de la guerre, le chiffre des importations descendit à 878,947,000 francs et celui des exportations ne dépassa pas 771,827,000 fr. Depuis, le mouvement général des échanges s'est notablement accru; en 1863-

1864, il s'est élevé à 1,177,875,000 fr. pour l'importation et à 1,472,299,000 fr. pour l'exportation. L'ensemble des échanges, y compris le numéraire, a donc atteint pour la seule place de New-York l'énorme total de 2 milliards 650 millions de francs.

Les tables statistiques données par le gouvernement fédéral pour l'année 1863-1864 n'embrassent point le commerce total des États-Unis. En effet, les denrées d'exportation, sur lesquelles le fisc ne prélève aucun droit, ne sont point enregistrées avec le soin nécessaire, et les expéditeurs ne se donnent pas toujours la peine de faire une déclaration qu'ils considèrent comme une vaine formalité. Quant aux articles d'importation, l'exagération des droits de douane constitue souvent une véritable prime à la contrebande, et de grandes quantités de marchandises sont introduites en fraude soit par les frontières du Canada, soit par les ports de mer.

En outre, il faudrait ajouter au commerce des états loyaux tous les échanges qui se sont faits avec la confédération du sud en violation du blocus. Pendant les trois années 1862, 1863 et 1864, on a construit sur les chantiers de la Clyde 111 vapeurs ayant pour destination spéciale ce genre de commerce. Sur ces 111 navires, 70 avaient été capturés à la fin de l'année 1864; mais la plupart d'entre eux avaient déjà réalisé de tels bénéfices par la vente de leurs cargaisons qu'ils étaient payés deux et trois fois au moment de la capture. Un grand nombre d'autres bâtimens de commerce construits à Birkenhead et sur divers chantiers d'Angleterre étaient également employés à ce trafic que dirigeaient d'une manière régulière et systématique des compagnies anglaises disposant de capitaux considérables. Un journal de Manchester évaluait à 397 le nombre des arrivages de navires à Wilmington pendant les quinze mois qui précédèrent la capture du fort Fisher.

Le grand entrepôt de ce commerce de contrebande était la ville de Nassau, chef-lieu des îles Bahama, et la petite île des Bermudes, terre de l'Atlantique la plus rapprochée de la côte des Carolines. En 1861, Nassau avait importé pour une valeur de 6,800,000 fr., et ses produits expédiés à l'étranger dépassaient à peine la moitié de cette somme. En 1862, les importations et les exportations, celles-ci consistant principalement en *quincaillerie*, c'est-à-dire en armes de guerre, se sont respectivement élevées aux valeurs de 31 et de 25 millions de francs. Ces armes étaient payées surtout en coton appartenant au gouvernement confédéré. Les statistiques de plusieurs négocians américains et anglais s'accordent à évaluer l'exportation du coton confédéré pour l'année 1863-1864 à 175,000 balles ou 35 millions de kilogrammes environ, représentant une somme de 175 millions de francs. La quantité de coton expédié des états loyaux n'a pas dépassé 5 millions de kilogrammes.

En tenant compte de tout le commerce interlope des états du sud et des omissions faites par suite de la négligence des agens ou de la ruse des contrebandiers dans les relevés du trafic des états du nord, on peut donc évaluer le total des échanges de l'Union américaine pendant l'année 1863-1864 à 5 milliards environ, soit à 143 fr. par tête.

Quant au commerce intérieur, il est difficile de se faire une idée juste de la prodigieuse extension qu'il a prise pendant les dernières années. On peut prendre pour exemple de ce développement du trafic la quantité croissante de marchandises circulant sur les grandes voies des états de New-York et de Pensylvanie qui font communiquer les grands lacs avec le littoral de l'Atlantique. Ces grandes voies, c'est-à-dire les canaux de New-York, le chemin de fer de l'Erie, le *New-York central* et le *Pensylvania-Railroad*, avaient transporté en 1860, année qui précéda la guerre, 7,786,321 tonnes de marchandises, non compris le charbon de terre; en 1861, le total des transports s'était élevé à 8,015,665; en 1862, il était de 10,197,175, et en 1863 de 10,595,218 tonnes. En 1864, il a dépassé 12 millions de tonnes. La grande ville de Cincinnati, située dans une région des plus prospères, qui est à peu près le point géométrique autour duquel s'équilibrent les populations des États-Unis, peut être également prise comme un exemple de la prospérité générale de l'Union. Dans ce grand marché de l'Ohio, l'importance des échanges a augmenté invariablement pour tous les articles de commerce, surtout pour le tabac, le coton, l'eau-de-vie, le charbon, le fer et les huiles. En 1863, les importations de Cincinnati ont représenté une valeur de 778,622,000 fr. contre 552,945,000 à l'exportation. En 1864, l'importation a été de 2 milliards 104,869,000 fr., et l'exportation de 1 milliard 291,031,000 fr.; total, 3 milliards 395,900,000 fr.

M. Chase, lorsqu'il était secrétaire du trésor fédéral, a fait une tentative importante, celle de faire évaluer pour la première fois le commerce intérieur de la république. D'après ces calculs, auxquels les rapports commerciaux des grandes villes et ceux des compagnies de chemins de fer et de transport sur les voies navigables ont servi de base, la valeur des marchandises expédiées de l'est à l'ouest à une distance d'au moins 500 kilomètres, s'est élevée pendant l'année 1862 à 3 milliards 219 millions de francs, tandis que les marchandises envoyées dans la direction de l'est à la même distance représentaient seulement une valeur de 2 milliards 717 millions. Total, 5 milliards 936 millions de francs. Cette curieuse statistique constate d'une manière frappante le mouvement commercial qui se propage incessamment des bords de l'Atlantique vers les régions de l'ouest. En effet, le trafic de *montée* dépasse d'un demi-milliard le trafic de retour ou de *descente*.

Il n'est pas douteux que la suppression du traité de réciprocité entre les États-Unis et les provinces anglaises du Canada n'ait pour résultat de diminuer considérablement le commerce entre les deux pays. Sous l'influence du libre échange, le trafic s'était accru dans des proportions énormes. Avant le traité, il était en moyenne de 50 millions; en 1852, année de la conclusion du traité, il s'éleva à 90 millions de francs, et depuis il augmentait chaque année d'environ 20 pour 100; pendant la guerre civile il a décru; mais en 1865 il dépassa 355 millions. Le mouvement total de la navigation entre les deux pays dépassait 6,600,000 tonnes.

Il sera intéressant de constater la diminution de trafic causée par le retour au système protectioniste.

Navigation. — La flotte commerciale des États-Unis est, depuis la guerre, notablement inférieure à celle de la Grande-Bretagne; mais elle est toujours cinq ou six fois supérieure à celle de la France. En 1861, les navires de commerce américains jaugeaient ensemble 5,539,813 tonneaux : c'est le total le plus fort qu'ait atteint jusqu'à nos jours la marine marchande de l'Union. En 1862, le tonnage de tous les navires était descendu à 5,112,165 tonneaux; en 1863, il était de 5,126,081 tonneaux; en 1864, il ne s'élevait plus qu'à 4,986,401 tonneaux. Les bateaux à vapeur comprenaient environ la cinquième partie de la flotte commerciale, soit 960,331 tonneaux.

Le tableau suivant montre dans quelle proportion les pavillons étrangers avaient profité de la terreur inspirée par les corsaires :

Nationalité des navires entrant dans les ports des États-Unis.

Années.	Américains.	Anglais.	Allemands.	Français.
1860	5,921,285 tonnes.	1,918,494 tonnes.	230,828 tonnes.	25,357 tonnes.
1863	4,447,261 —	2,096,612 —	333,354 —	22,312 —

Tandis que le commerce de transport américain avait diminué d'un quart, celui de l'Angleterre, à la seule destination des États-Unis, s'était accru d'un dixième, et celui de l'Allemagne avait augmenté de près d'un tiers. Celui de la France était resté insignifiant.

Pendant la guerre, les navires à vapeur américains avaient presque entièrement interrompu leurs services avec les pays étrangers, ainsi que l'établit le tableau suivant :

Tonnage des navires à vapeur arrivés de l'étranger dans un port des États-Unis.

Années.	Pavillon américain.	Pavillons étrangers.
1858	112,391 tonnes.	254,845 tonnes.
1860	68,564 —	387,885 —
1862	15,884 —	424,579 —
1863	» —	473,444 —

Depuis le rétablissement de la paix, les services réguliers de bateaux à vapeur américains avec les ports étrangers sont devenus beaucoup plus nombreux qu'avant la guerre. En outre, des centaines de navires font le service de cabotage entre les ports du nord et ceux du sud. Du mois de mai au mois de septembre 1865, les lignes organisées entre la seule ville de New-York et les autres ports des États-Unis forment un total de 121 navires, jaugeant 113,529 tonneaux.

En 1864, le mouvement total de la navigation à Buffalo, le port le plus considérable des grands lacs, s'est élevé à 14,105 navires, jaugeant 6,891,348 tonneaux. C'est le total le plus important qu'ait atteint jusqu'à nos jours le mouvement du port de Buffalo. Au commencement de 1864, quatre lignes de bateaux à vapeur de transports (*propellers*), comprenant ensemble 60 navires, avaient leur siége social dans cette ville : en outre, 32 autres bateaux à vapeur desservaient les localités de la côte des grands lacs. Ces bateaux, auxquels on ajoute chaque année des vapeurs d'un tonnage plus considérable, monopolisent peu à peu tout le commerce, et les navires à voiles sont graduellement chassés de la surface des grands lacs. Le commerce augmente dans des proportions considérables, et cependant le nombre des navires employés ne cesse de diminuer.

Sur la côte du Pacifique, les progrès du commerce ont été très notables depuis la guerre. De nouveaux ports, naguère peu fréquentés, sont devenus les points d'attache de lignes côtières; mais le port de San-Francisco est celui qui a le plus gagné en importance : il tend à devenir pour le Pacifique du nord ce que New-York est pour l'Atlantique. En 1861, le mouvement de la navigation avait été, à l'entrée, de 1,980 navires jaugeant 599,233 tonneaux; il a été en 1864 de 2,096 navires et de 739,190 tonneaux de jauge. Vers le milieu de l'année 1865, 34 vapeurs américains jaugeant 29,107 tonnes faisaient le cabotage sur les côtes et les rivières chinoises.

Les navires baleiniers, appartenant pour la plupart à des armateurs de New-Bedford dans le Massachusetts, fréquentent surtout les parages du Pacifique septentrional et viennent se ravitailler à San-Francisco; mais ce n'est point là un élément commercial sur lequel le grand port de la Californie doive beaucoup compter dans l'avenir, car la chasse que l'on a faite aux baleines a été tellement acharnée que ces grands animaux sont devenus rares, et que nombre de navires baleiniers parcourent en vain pendant des mois entiers les mers appauvries. En 1846, la flotte baleinière des États-Unis comprenait 735 navires, jaugeant 233,189 tonneaux; depuis cette époque, le nombre des bâtimens employés à la pêche des baleines a graduellement diminué : il n'était plus en 1864 que de 276. Le tonnage total était descendu à 79,692 tonneaux.

La flotte commerciale du Mississipi et de ses grands affluens est plus considérable qu'elle ne l'était avant la guerre. Elle comprend environ 380 bateaux à vapeur, dont le tonnage varie de 90 à 1,900 tonneaux. Le capital dépensé pour la construction de ces navires est de 60 millions de francs.

Phares. — A la fin de l'année 1864, la liste officielle des phares des États-Unis comprenait 469 établissemens, 320 sur la côte de l'Atlantique, 50 sur celle du golfe du Mexique, 81 sur les grands lacs du nord et 18 sur le littoral du Pacifique. On travaillait activement à rétablir les phares des côtes méridionales qui avaient été détruits par les rebelles.

Chemins de fer. — Au 1er janvier 1865, on comptait dans tous les États-Unis, y compris les états rebelles, 55,417 kilomètres de chemins de fer. Il est vrai que dans les contrées qui avaient servi de théâtre à la guerre, un grand nombre de lignes avaient été abandonnées ou même détruites ; mais aussitôt après la fin de la lutte, on s'est occupé de les réparer. Le réseau total des chemins de fer achevés ou en voie de construction au commencement de 1864 n'était pas moindre de 75,224 kilomètres.

Pendant le cours de l'année 1864, 873 kilomètres seulement ont été ajoutés à l'ensemble du réseau. Avant la guerre, le réseau s'augmentait chaque année de 3,000 à 4,000 kilomètres.

Au commencement de l'année 1865, le réseau des voies ferrées exclusivement employé pour le service des troupes était de 2,830 kilomètres. Les ouvriers occupés à construire et à réparer les voies étaient de plus de 23,000 hommes. Ce réseau militaire a été rendu à l'industrie privée.

Pendant la guerre, l'importance du trafic a plus que doublé sur les chemins de fer de l'Union. Ainsi les recettes de l'*Erie-railway*, qui étaient seulement de 2,860,000 francs pour le mois d'avril 1861, se sont élevées à 7,696,000 fr. pour le mois correspondant de l'année 1865.

Sur la grande route du Missouri en Californie que doit graduellement remplacer le chemin de fer du Pacifique, le service de la poste se fait régulièrement tous les jours. La distance totale de 3,190 kilomètres doit être parcourue l'été en dix-neuf jours, et l'hiver en vingt-trois jours au plus. Une compagnie subventionnée possédait en 1864 près de 500 diligences et desservait 155 bureaux de poste sur cette route. Une autre compagnie expédiait ses voitures trois fois par semaine sur la route de 800 kilomètres de longueur qui relie Salt-Lake-City, dans l'Utah, à Walla-Walla, dans le territoire de Washington.

On travaillait à la fois aux deux extrémités du chemin de fer du *Pacifique*, qui doit traverser le grand désert et les montagnes, du Missouri aux bords de la baie de San-Francisco. A l'est, le premier tronçon de l'embranchement méridional était déjà (avril 1866) livré à la circulation sur une longueur de 147 kilomètres. L'embranchement septentrional, qui doit être un jour le grand tronc de la ligne, part d'Omaha-City, capitale du Nebraska, et remonte à l'ouest la rivière de la Platte. Le premier tronçon, d'Omaha à Colombus, long de 138 kilomètres, a été inauguré en novembre 1865.

Au printemps de l'année 1866, la partie occidentale du chemin du Pacifique était ouverte sur une longueur de 112 kilomètres, de Sacramento, en Californie, à Dutch-Flat, village de la Sierra-Nevada. Vers le milieu de l'année, la voie de fer aura franchi l'arête des montagnes et gagnera le bord de la rivière Truckee, d'où un embranchement déjà commencé se dirigera au sud vers la ville minière de Virginia-City.

La statistique des accidens de chemins de fer présente toujours des chiffres bien considérables; loin de diminuer en nombre, ces catastrophes ne cessent de s'accroître, et l'année 1864 présente sous ce rapport une grande augmentation sur les années précédentes. De 1854 à 1864, pendant une série de onze ans, on a compté 1,230 accidens de chemins de fer dans lesquels 1,869 personnes ont été tuées et 7,289 blessées. C'est une moyenne de 170 morts et de 662 blessés par année, sans compter ceux qui ont été tués ou privés de l'usage de quelque membre par leur propre imprudence. En 1864, 140 accidens de chemins de fer ont coûté la vie à 404 individus et le nombre des blessés s'est élevé à 1,486. En 1865, ces accidens ont pris des proportions plus grandes encore et des plus inquiétantes. Dans le seul état de la Pensylvanie, 385 personnes ont été tuées et 582 blessées par suite d'accidens de chemins de fer. Total : 967. Dans la même année, 255 personnes ont été tuées et 85 grièvement blessées dans 20 accidens arrivés à des bateaux à vapeur. De 1854 à 1864 inclusivement, on a compté 292 accidens de ce genre. Le total des tués et des blessés a été respectivement de 3,584 et de 1,314.

Ajoutons que les incendies sont aussi très nombreux en Amérique. Pour la seule ville de New-York le chiffre total des pertes causées en 1865 par plus de 300 incendies s'est élevé à 41,792,000 francs.

Le deuxième semestre de l'année 1865 a été tout particulièrement remarquable par les nombreux accidens de toute espèce. On évalue à 400 millions de francs les divers dommages causés par les incendies, les déraillemens de wagons, les collisions et les naufrages.

FINANCES. — C'est le 31 août 1865 que la dette fédérale s'est élevée à son maximum. Le secrétaire Mac-Culloch fixait alors le total de la dette, y compris le papier-monnaie (*greenbacks*), à plus de 2 milliards 757 millions de dollars, soit à 14 milliards 338 millions de francs; c'est à peu près la dette nominale de la France. Un mois auparavant, le 31 juillet, la dette des États-Unis était moins forte de quelques centaines de mille dollars; mais l'intérêt à servir aux créanciers était un peu plus élevé : il était de 335,500,000 fr. en or et 388,650,000 francs en *greenbacks*, soit, au cours moyen de 140, de 277,700,000 francs. Total des intérêts : 613,200,000 francs, soit plus de 17 francs par tête d'Américain.

Pendant les derniers mois de la guerre, la dette s'était accrue d'une manière formidable. Le 31 mars 1865, elle était de 12 milliards 310 millions de francs; soixante jours après, le 31 mai, elle atteignait déjà 13 milliards 700 millions. Pendant les deux mois suivans, grâce à la fin de la guerre et au licenciement partiel de l'armée, les dépenses se ralentirent et l'accroissement de la dette ne dépassa pas 10 millions par jour. Depuis cette époque, le mouvement en sens inverse s'était de plus en plus accusé : pendant l'année fiscale 1865-1866, la diminution de la dette n'a pas été moindre de 300 millions de francs.

Pendant l'année fiscale terminée le 30 juin 1865, les dépenses totales du gouvernement des États-Unis s'étaient élevées à 6,250,000,000 de francs, soit à 18,200,000 francs par jour. Les recettes avaient été de beaucoup inférieures à cet énorme total. Elles n'avaient pas dépassé 1 milliard 475 millions de francs, dont 1 milliard 75 millions pour les revenus intérieurs et près de 400 millions pour les douanes. Déficit, 4 milliards 775 millions de francs.

Une question curieuse se présente, celle de savoir combien la guerre a coûté directement au trésor des États-Unis, sans compter toutes les ruines accumulées dans les parties de la république où passaient les armées. Avant la rébellion, le budget normal de la fédération américaine était de 350 millions de francs. Les dépenses des quatre années fiscales qui finissent le 30 juin 1865 se seraient donc élevées en temps de paix à environ 1 milliard 400 millons de francs, qu'il faut défalquer de la somme totale déboursée pendant cette période si prodigieusement remplie. Les ressources régulières du budget produites chaque année par les douanes et les impôts ont été les suivantes :

1861—1862	270,000,000 fr.
1862—1863	580,000,000
1863—1864	1,145,000,000
1864—1865	1,660,000,000
Total des quatre années .	3,655,000,000 fr.

Cette somme considérable, ajoutée au montant de la dette, plus de 14 milliards, donne un total d'environ 18 milliards, dont il faut soustraire 1 milliard 400 millions, budget normal de la paix. Le budget de la guerre, pour les seuls états du nord, s'élève donc à 16 milliards au moins; encore ne faut-il pas compter les immenses charges que la lutte laisse après elle sous forme d'intérêts à servir, de pensions, de frais d'armemens. Quant à la somme dépensée par les états rebelles, on ne peut l'évaluer, puisqu'à la fin de la guerre le gouvernement esclavagiste n'avait plus de finances et ne vivait guère que de banqueroutes successives, de réquisitions violentes et de dons patriotiques. Cependant il n'est pas douteux que, dans son immense effort, la confédération des planteurs n'ait dépensé une somme à peu près égale à celle que leurs vainqueurs du nord ont consacrée à soutenir la grande lutte. C'est donc une somme d'une trentaine de milliards qu'auraient coûtée la reconstitution de la patrie américaine et l'abolition de l'esclavage. Jamais on n'eût pu trouver 10 milliards pour racheter pacifiquement les nègres : on en a dépensé 30, soit 7,500 francs par tête d'esclave, et de plus des cadavres par centaines de milliers ont jonché les champs de bataille.

Les dettes spéciales de plusieurs états sont assez considérables. Nous citons ici les plus importantes, à la date de janvier 1865 :

Pensylvanie	204,773,935 fr.
New-York	149,347,765
Massachusetts	119,048,654
Ohio	70,671,905
Illinois	58,128,273
Indiana	38,582,592
Maine.	26,715,000
Connecticut	26,000,000
Michigan	17,915,870
Wisconsin.	13,000,000
Vermont.	8,512,794

Les dettes contractées avant la guerre par les divers états du sud envers les capitalistes de la Grande-Bretagne s'élèvent à 625 millions de francs, sans compter au moins 100 millions d'intérêts qui ne seront probablement jamais payés pour cause de force majeure. Quant aux dettes contractées pendant la guerre, elles représentent des sommes énormes et sont complétement perdues pour les créanciers. Dans certains états du sud, la misère avait pris vers la fin de la guerre des proportions effrayantes. D'après un rapport du gouverneur Parsons, 139,042 habitans de l'Alabama n'avaient absolument pour vivre, au commencement de l'année 1865, que les rations délivrées par le gouvernement de l'état : c'était au moins le cinquième de la population qui se trouvait alors dans le pays.

Armée. — Le 1er mai 1865, c'est-à-dire à la fin de la guerre, l'armée fédérale était composée de plus de 1,080,000 hommes; c'était environ le cinquième de la population capable de porter les armes. Le licenciement s'accomplit avec une grande rapidité. Du 27 mai au 6 juillet, dans l'espace de quarante jours, 233,200 soldats et 12,838 chevaux furent expédiés de la seule ville de Washington dans les divers états du nord. A Louisville et dans les autres dépôts, on mit le même empressement à licencier l'armée. Onze mois après la fin de la guerre, au 1er avril 1866, les forces militaires des États-Unis ne comprenaient plus que 152,611 soldats, et 41,744 devaient être incessamment renvoyés dans leurs foyers. Il reste donc environ

110,000 hommes sous les armes, mais l'armée régulière doit être graduellement réduite à 50,000 hommes.

Plus de 2,600,000 volontaires ont fait partie de l'armée des États-Unis pendant les quatre années de guerre. Sur ce nombre, 95,589 officiers et soldats sont morts sur les champs de bataille, 184,650 ont succombé dans les hôpitaux par les maladie ou les accidens; mais à ces 280,239 morts il faut ajouter ceux dont on n'a pas retrouvé les corps ou qui sont morts depuis par suite de leurs blessures. On peut évaluer le chiffre total des morts à 330,000; en outre, plus d'un million d'hommes ont été blessés. Le nombre des soldats qu'on a pu enterrer décemment est de 116,148, y compris les 12,912 victimes des atrocités d'Andersonville, qui ont été inhumées après la fin de la guerre.

Le nombre total des soldats noirs enrôlés pendant la guerre dans l'armée des États-Unis est de 186,057. Le 15 juillet 1865, 123,156 étaient sous les drapeaux; 68,178 hommes des troupes de couleur, 1 sur 3, sont tombés sur les champs de bataille ou morts à l'hôpital.

Dans les armées du sud, la mortalité n'a probablement guère été moindre que dans les armées du nord. Sur un nombre total de 130,000 blancs valides qui se trouvaient en 1861 dans l'état de l'Alabama, 122,000, c'est-à-dire la presque totalité, ont pris part à la guerre, et 35,000 hommes, près du tiers, sont morts pendant les quatre années de la terrible lutte. Un autre tiers moins un se compose d'invalides. Les balles et les maladies n'auraient donc épargné qu'un tiers ou tout au plus les deux cinquièmes de l'ancienne population capable de porter les armes.

Les besoins de ces grandes armées s'évaluent en argent par des milliards. Pour la seule armée du nord, il fallut acheter, du 6 janvier 1864 à la fin de la guerre, 193,388 chevaux au prix moyen de 825 francs le cheval. Dans la même année, le commissariat fédéral avait fourni de 3 à 4 millions d'uniformes et plus de 700,000 tentes. La somme que le général quartier-maître Meigs eut à débourser pendant l'année fiscale s'éleva au total de 2,245,840,000 francs.

MARINE. — Au 1er décembre 1865, la flotte américaine comprenait 671 navires, dont 440 armés. Le secrétaire Welles en donne l'énumération suivante :

	Vaisseaux.	Canons.	Tonnage.
113	vapeurs à hélice construits spécialement pour la guerre.	1,126	169,231
52	— à roues — — —	524	51,878
71	navires cuirassés — — —	275	80,596
149	vapeurs à hélice achetés au commerce.	614	60,380
174	— à roues —	921	78,762
112	navires à voiles de toute espèce	850	69,549
671		4,610	510,396

Au mois de décembre de l'année précédente, la flotte était de 588 navires portant 4,443 canons et jaugeant 467,967 tonneaux. Augmentation pendant l'année 1864 : 83 navires, 167 canons, 42,429 tonneaux. Les pertes de navires par suite de naufrages ou d'accidens de guerre se sont élevées à 26.

« Au commencement de 1865, il y avait aux États-Unis cinq grands journaux exclusivement rédigés par des nègres. Ils sont publiés à la Nouvelle-Orléans, à Mobile, à Augusta (Georgie), à Beaufort (Caroline du sud) et à Nashville (Tennessee). »

Papier. — La valeur du papier fabriqué en 1864 aux États-Unis est estimée à 567 millions de francs.

Postes. — Pendant l'année fiscale 1864-1865, le nombre des lettres transmises par les postes des États-Unis s'est élevé à 465 millions. Ce nombre, ne comprenant pas les contrées du sud, la moyenne des lettres est donc d'une vingtaine par tête d'Américain. C'est une moyenne plus forte qu'en Angleterre, et deux fois plus élevée qu'en France.

INSTRUCTION PUBLIQUE. — On sait que dans tous les états du nord de la république américaine les citoyens s'occupent avec le plus grand zèle d'assurer la prospérité des écoles (1). Nous nous contenterons de donner ici les faits statisques les plus récens relatifs à l'état de New-York. Sur une population de 1,398,759 personnes comprises entre les âges de cinq et de vingt et un ans, 1,007,737, plus du quart de la population totale de l'état, jouissent de l'*instruction*, et cependant, il ne faut pas l'oublier, l'Europe envoie chaque année à cet état plus de 100,000 émigrans, pour la plupart illettrés.

En 1865, le nombre des élèves se décomposait de la manière suivante :

Colléges supérieurs	1,120
Académies	35,355
Écoles particulières	54,345
Écoles ordinaires	916,617
	1,007,737

En 1862, le nombre des écoliers était seulement de 892,550, et cependant cette proportion était déjà double de celle qui existe en France.

Les écoles ordinaires sont au nombre de 11,618 et représentent un capital d'environ 50 millions de francs, plus de 4,000 francs par école. Elles possèdent ensemble 1,278,123 volumes de bibliothèque.

Les écoles particulières sont au nombre de 1,481.

On compte en moyenne 2 instituteurs par école. A la fin de 1865, ils étaient 26,469, dont 4,452 hommes et 22,017 femmes, près des cinq sixièmes. Le traitement annuel des instituteurs et institutrices est en moyenne, dans les villes, de 2,933 fr., et dans les campagnes de 884 fr.; mais à ces diverses sommes il faut ajouter le traitement spécial voté dans chaque district.

Les écoles normales sont au nombre de 63, et 8,887 instituteurs les ont fréquentées durant l'année 1865.

Grâce à la munificence d'un citoyen, M. Ezra Cornell, on construit actuellement à Utica une grande université. M. Cornell a donné 80 hectares de terrain, une somme de 2,600,000 francs et un musée de paléontologie.

(1) Voyez dans la *Revue* du 15 novembre 1865, une étude de M. E. de Laveleye.

L'état a concédé en outre des terres pour une valeur de 5 millions de francs, et divers particuliers ont voté des sommes considérables. La dot de la future université est déjà de 15 millions.

Grâce à de pareilles munificences, vraiment civiques, les écoles, les colléges, les universités s'enrichissent de plus en plus; mais les diverses *sociétés religieuses* d'Amérique ne sont plus aussi riches qu'elles l'étaient autrefois. En 1863, la société biblique américaine a reçu la somme de 2,920,000 fr. Pendant la même année, une autre société biblique, composée exclusivement de méthodistes, a obtenu à peu près le même chiffre de recettes. La société des traités religieux a encaissé 1,872,000 francs et a distribué environ 6 millions de brochures, de livres et d'exemplaires de journaux religieux. Les recettes de la société des missions étrangères ont été de 1,150,000 francs et celles de la société des missions intérieures ont dépassé 1 million. Les budgets de ces diverses sociétés étaient autrefois beaucoup plus considérables.

C'est maintenant à l'œuvre de l'éducation des affranchis que se dévouent les plus nobles citoyens de l'Amérique du Nord. Déjà vers la fin de 1865, 4,884 enfans de couleur de Washington et des environs, c'est-à-dire tous ceux qui étaient en âge d'aller à l'école, recevaient l'instruction dans plus de 40 établissemens. Dans les états du sud jadis en rébellion, plus de 100,000 enfans fréquentent les écoles ouvertes par le bureau des affranchis, et sans cesse de nouvelles institutrices, venues du nord et surtout du Massachusetts, se présentent pour établir d'autres écoles en plein pays ennemi. Elles n'ignorent point qu'elles s'exposent au mépris, aux insultes et même aux voies de fait, mais elles sont heureuses d'accomplir simplement leur devoir. En beaucoup d'endroits, notamment à Memphis, les écoles ont été brûlées par les esclavagistes, mais dès le lendemain les courageuses dames retournaient à leur poste, et près des ruines fumantes, sous quelque hangar improvisé, elles groupaient de nouveau les enfans autour d'elles. De pareils exemples d'héroïsme ne seront certainement pas perdus, et les fils des anciens esclaves, élevés par des femmes de cette trempe, apprendront à pratiquer les vertus du citoyen.

ÉLISÉE RECLUS.

IMPRIMÉ

www.ingramcontent.com/pod-product-compliance
Ingram Content Group UK Ltd.
Pitfield, Milton Keynes, MK11 3LW, UK
UKHW020339230726
13925UKWH00003B/878